Um mundo sem livros e sem livrarias?

Roger Chartier

LETRAVIVA

1ª Edição – 2020
São Paulo – Brasil
© Roger Chartier
© Guiomar de Grammont
© Editora Letraviva
Todos os direitos reservados

```
Dados Internacionais de Catalogação na Publicação (CIP)
         (Câmara Brasileira do Livro, SP, Brasil)

  Chartier, Roger
     Um mundo sem livros e sem livrarias? / Roger
  Chartier ; coordenação Guiomar de Grammont. --
  1. ed. -- São Paulo : Letraviva, 2020.

     ISBN 978-65-88951-00-2

     1. Hábito de leitura 2. Leituras 3. Livrarias
  4. Livros 5. Livros - Aspectos sociais - História
  6. Livros e leitura 7. Livarias - História
  I. Grammont, Guiomar de. II. Título.

20-47492                                    CDD-002.09
            Índices para catálogo sistemático:

     1. Livros e livrarias : História    002.09

     Maria Alice Ferreira - Bibliotecária - CRB-8/7964
```

Autor: Roger Chartier
Prefácio: Guiomar de Grammont
Capa: Lucas Gurbanov
Projeto gráfico: Lucas Gurbanov
Editoração eletrônica: Lucas Gurbanov
Edição e Revisão: Bernardo Gurbanov

Editora Letraviva
Rua dos Pinheiros, 334
05422-000 São Paulo SP

www.letraviva.com.br

Um mundo sem livros e sem livrarias?

Roger Chartier

LETRAVIVA

SUMÁRIO

Prefácio 7

I- A morte do livro? 47

II- Edições científicas 71

III- Livrarias 93

IV- Autoedição 123

V- Ler sem livros 147

VI- Experiências brasileiras 169

Epílogo
Um mundo sem livros e sem livrarias? 211

Currículo 229

Livros em português 235

PREFÁCIO

No texto "Experiências Brasileiras", que figura nesta coletânea, Roger Chartier lembra um momento de rara beleza vivido por Fernand Braudel no Brasil. O carro do historiador estragou na estrada de Feira de Santana, no interior do Estado da Bahia, e ele se viu bruscamente apanhado em meio a uma prodigiosa explosão de vagalumes fosforescentes. Braudel se lembrou mais de uma vez desse momento como um insight de sua arquitetura das temporalidades da história: "os eventos são como esses pontos de luz. Além de seu brilho mais ou menos vivo, além de sua própria história, toda a paisagem circundante deve ser reconstituída..."[1]. Como escreveu Chartier, o lusco-fusco dos vagalumes serviu a Braudel "para fazer compreender que os acontecimentos são somente espumas de ondas da história, cujas realidades

---

1 Fernand Braudel. «L'Histoire, mesure du monde» (1941 e 1943–44). In: *Les Ecrits de Fernand Braudel. Tome II. Les Ambitions de l'Histoire. Edition établie et présentée par Roselyne de Ayala et Paule Braudel. Paris: Editions de Fallois, 1997, p. 23–24.*

fundamentais se localizam num tempo que não é o tempo das percepções imediatas".

Essas intuições propiciadas por uma vivência incomum, em uma realidade diferente da francesa, poderiam explicar também a relação que Roger Chartier sempre manteve com o Brasil: como uma fonte de experiências que alimentaram a profundidade de suas reflexões sobre a história do livro, da leitura e das livrarias. Os artigos desta coletânea têm em comum sobretudo o fato de terem sido escritos a partir dessa interação com nosso país, nos diferentes momentos em que o historiador foi convidado a nos honrar com a fulgurante riqueza de seu pensamento. É preciso mencionar, inclusive, que Chartier escreveu, originalmente, em português, a maior parte destes artigos, eu traduzi apenas dois deles e o epílogo. Portanto, este pequeno livro que o leitor tem em suas mãos, é inédito na França, um presente extraordinário que o pensador realizou especialmente para seus leitores no Brasil.

A apresentação desse texto, na Jornada Intercultural França-Brasil, organizada no Instituto Ricardo Brennand, em Recife, em 2019, foi a única em que

Prefácio

não tive participação, a não ser agora, no momento da preparação deste volume. Estive envolvida, direta ou indiretamente, na organização dos eventos que motivaram a escrita de todos os outros artigos que compõem essa coletânea. Nessas ocasiões, mediei as conferências do professor Roger Chartier, que me concedeu o privilégio de sua orientação na École de Hautes Etudes en Sciences Sociales de Paris, em 1999 e 2000, em estágio do meu doutorado, realizado na USP, sob orientação do professor João Adolfo Hansen.

Por terem sido escritos em diferentes ocasiões, às vezes, com anos de intervalo, os artigos desse livro se complementam, formando um conjunto bastante abrangente de todas as consequências da revolução digital sobre a cadeia de produção e circulação do livro, na atualidade. Porém, os textos são autônomos, não obedecem a uma sequência lógica. Da mesma forma, por vezes, o mesmo trecho de uma ou outra obra pode ser citado em mais de um artigo e suscitar diferentes reflexões do pensador, dependendo de seu foco de estudo. Na esteira desse diagnóstico da situação atual, este livro apresenta importantes propostas para superar ou minimizar os efeitos da pandemia sobre o mundo do livro.

Nesse artigo, "Experiências Brasileiras", Chartier presta tributo a pensadores que foram muito importantes em sua trajetória intelectual e que mantiveram fortes relações com o Brasil: Fernand Braudel, Michel de Certeau, Michel Foucault e Pierre Bourdieu. Dentre estes, Bourdieu é o único que nunca morou nem viajou ao Brasil, mas esteve sempre muito atento à nossa realidade, através de sua interlocução com os sociólogos brasileiros.

Roger Chartier relembra a corajosa denúncia que Michel Foucault e Michel de Certeau fizeram contra os desmandos da ditadura militar, no período em que aqui estiveram. O exemplo desses historiadores, através do olhar de Chartier, nos incentiva a reagir contra a reescrita da história por parte do governo atual, que tenta apagar da memória dos brasileiros as atrocidades cometidas pelos militares nos anos 70. De Certeau publicou diversos artigos denunciando as torturas e assassinatos perpetrados pela ditadura no Brasil, inclusive, um deles, sobre a atuação revolucionária de Dom Helder Câmara.

Prefácio

O engajamento de Michel de Certeau contra as violências cometidas pelo regime militar fez com que esse historiador, que também era jesuíta, fosse impedido de entrar no Brasil, na época. Chartier nos conta como de Certeau conseguiu contornar essa proibição.

Roger Chartier reconstitui também as visitas de Foucault ao Brasil, que culminaram em uma explosiva declaração do pensador, realizada em outubro de 1975, ao tomar conhecimento do encarceramento de professores e estudantes da USP: "Não dá para lecionar sob o tacão das botas; não dá para falar diante dos muros de prisões; não dá para estudar quando as armas ameaçam. A liberdade de expressão e de pesquisa são sinais de garantia da liberdade dos povos."[2]. Em protesto, Foucault cancelou seus cursos no país e chegou a assistir ao famoso ato ecumênico

---

2   Segundo Roger Chartier, o texto de Foucault foi publicado no Jornal alternativo *EX*, a 16 de novembro de 1975 e se encontra *verbatim* nos arquivos do SNI. Testemunho de Paulo Eduardo Arantes. In:Ricardo Parro e Anderson Lima da Silva. «Michel Foucault na Universidade de São Paulo». «Michel Foucault na Universidade de São Paulo», *Revista Discurso, Volume 47, nº 2, 2017, p. 205–223, p. 216.*

em memória de Vladimir Herzog celebrado no dia 31 de outubro na Catedral da Sé, o qual foi, como lembra Chartier: "a primeira grande expressão de protesto da sociedade civil contra a ditadura militar".

Quando convidei Roger Chartier ao Fórum das Letras de 2006[3] e lhe propus falar sobre a morte do livro, o pensador concordou, com uma condição: que eu acrescentasse um ponto de interrogação ao título. Assim, Chartier abriu um importante ciclo de oficinas, ministradas por importantes editores brasileiros[4], com a conferência intitulada "A morte do livro?", que dá início a essa coletânea. O historiador já começara a se debruçar sobre essa questão em outros de seus livros, estabelecendo diálogo com teóricos que vinham sendo instados a falar sobre esse assun-

---

3   Evento literário que idealizei e coordenei por uma quinzena de anos na Universidade Federal de Ouro Preto.
4   Os editores que ministraram essas oficinas foram : Isa Pessoa (Objetiva), Luciana Villas-Boas (Record), Maria Amélia Mello (José Olympio, hoje, Autêntica), Plínio Martins (EdUSP e Ateliê), Joaci Furtado (Globo) e Jorge Viveiros de Castro (7 Letras). Os publishers Sergio Machado, da Record, e Carlos Augusto Lacerda, da Nova Fronteira, também participaram de mesa de debates no evento.

to, como Umberto Eco[5]. Antes de tratar da questão sobre o possível desaparecimento do livro, porém, Roger Chartier considera que é preciso nos perguntarmos: "O que é um livro?"

O historiador nos remete a Kant que, ao se colocar a mesma questão, ainda em 1798, teria distinguido o livro «como objeto material, como 'opus mechanicum', que pertence a quem o comprou, e o livro como discurso dirigido ao público, cujo proprietário é o autor e cuja publicação — no sentido de tornar público um texto — remete ao 'mandatum' do escritor, ou seja, ao contrato explícito estabelecido entre o autor e seu editor, o qual atua como seu representante ou mandatário». Essa distinção fundadora irá reger todos os discursos sobre o livro, a partir de então.

Chartier nos mostra como Fichte e Diderot a desenvolvem, abrindo caminho para o regime de propriedade de um texto, em que a materialidade de

---

[5] ECO, Umberto e CARRIÈRE, Jean-Claude. *Não contem com o fim do livro*. Rio de Janeiro: Record. Nesse livro, os pensadores, notórios bibliófilos, discutem a história e o futuro dos livros com erudição e bom-humor, defendendo a imortalidade do objeto-livro, tal como o conhecemos, apesar do advento do e-book e da internet.

um livro vem a ser separada da singularidade do autor. Esse dualismo platônico, de filiação órfica, com que o livro é definido a partir de Kant, é evidenciado na máxima, citada por Chartier, que o impressor madrilenho Alonso Víctor de Paredes enunciou, em 1680: o livro é uma criação humana porque, como o homem, tem corpo e alma...

Desde tempos tão remotos o livro foi pensado como um ser vivo, com corpo e alma, nada mais natural do que a pergunta sobre quando ele morrerá. Essa questão não é nova, foi proposta desde a Modernidade, com frequência vinculada a outras, como "O que é um autor?", discutida em conferência realizada por Chartier para a Sociedade Psicanalítica Francesa dez anos depois daquela pronunciada por Foucault, com esse mesmo título. E também "O que é a literatura?", colocada por Sartre e também desenvolvida por Chartier.

O historiador relembra a resposta de Borges à pergunta sobre o que é o livro. Para o escritor argentino, seria um diálogo infinito estabelecido entre o texto e seus leitores. «Se for assim», propõe Chartier, «o 'livro' nunca desaparecerá». Mas questiona em seguida: «é um livro somente um texto? E a literatura são apenas palavras e imagens que atravessam os séculos e cuja inalterada permanência se oferece às interpretações ou 'entonações' diversas de seus sucessivos leitores?»

O próprio Borges, que enuncia a máxima de que um livro seria «um cubo de papel e couro com folhas» que ganha renovadas vidas apenas a cada leitura, acaba oferecendo a Chartier a prova de que a materialidade de um livro permanece fundamental: o escritor evoca em sua autobiografia a emoção do encontro com um dos livros de sua vida: o Dom Quixote, na encadernação vermelha com títulos dourados da edição Garnier. Parecia a Borges que este seria "o verdadeiro Dom Quixote".

Com a solenidade de um oráculo, Chartier conclui que «somos herdeiros desta história». O livro continua sendo, para nós, duplamente, um objeto material e uma obra intelectual ou estética identificada pelo nome de seu autor, fundada sobre distinções imediatamente visíveis entre seus suportes (cartas, documentos, diários, livros).

Um mundo sem livros e sem livrarias?

Contudo, na reflexão que irá se desdobrar nos vários textos deste volume, em que se pergunta o que acontecerá com o livro, a leitura e as livrarias, a partir das mutações do presente, Roger Chartier lembra que a ordem dos discursos mudou profundamente com o advento da textualidade eletrônica. Esta, não utiliza mais a prensa, ignora o "livro unitário" e está alheia à materialidade do códex. Ao adaptar-se a essa revolução, o leitor contemporâneo precisou abandonar todas as heranças que o formaram.

Chartier analisa que a leitura do texto eletrônico lida com uma textualidade suave, flexível e infinita, porém, descontínua e segmentada, que supõe e produz, segundo a expressão de Umberto Eco, uma *"alfabetizazione distratta"*, uma leitura rápida, fragmentada, que busca informações e não se detém na compreensão das obras em sua coerência e totalidade. Nesse texto, feito em 2006, Chartier se perguntava se, com essa tendência à fluidez, o texto digital seria capaz de apoderar-se dos livros que se leem e também dos que se consultam.

Ele lembra que, na história de longa duração da cultura escrita, cada mutação produziu uma coexistência entre os antigos objetos e ações, e as novas técnicas e práticas, o que o levava a ser otimista na resposta à pergunta que lhe propus inicialmente: o livro irá morrer? Naquele momento, Chartier julgava que o livro, tanto como discurso e obra intelectual, quanto em sua materialidade (o cubo de papel com folhas, de Borges), não iria morrer.

Quinze anos depois, ao organizar seus artigos para compor essa coletânea, o pensador se sente levado a assumir que, hoje, o futuro do livro é uma incógnita, em um contexto que, como veremos nos artigos desse livro, se tornou muito complexo.

As edições científicas são o objeto do segundo artigo da coletânea, em que Chartier traça, inicialmente, um diagnóstico relativamente abrangente do volume de publicações na Europa e nas Américas, tanto livros quanto artigos científicos. O historiador reflete sobre as razões da drástica redução dos impressos por parte das publicações científicas, com tendência crescente de adesão ao digital. A difusão em massa das revistas científicas em forma eletrônica, segundo o historiador, faz com que ressaltem duas questões fundamentais: a primeira, como fica o acesso ao conhecimento; em seguida, de que forma se transformam as práticas de leitura das revistas científicas.

Em acordo com Robert Darnton, o historiador alerta para os altos custos de assinatura das revistas científicas, com a consequente concentração ou dificuldade de acesso ao saber. Roger Chartier discute a tensão entre a lógica intelectual, herdada da Ilustração, que exige o acesso livre e compartilhado ao saber, e a lógica comercial, baseada nos conceitos de propriedade intelectual e mercado, mostrando as soluções encontradas no mundo científico para contornar esse problema. Chartier lembra, contudo, que devem ser diferenciadas a comunicação eletrônica, livre e gratuita, e a edição digital, que implica um controle científico, um trabalho editorial e o respeito à propriedade intelectual, mantendo uma hierarquia dos discursos que permite perceber, ou não, sua autoridade científica.

As potencialidades do digital ampliam a legibilidade dessas publicações, permitindo estruturá-las como estratos textuais: o argumento geral, os estudos particulares, os documentos, as referências, os materiais pedagógicos, os comentários dos leitores. Como infere Chartier, essa estrutura mudou a lógica da argumentação, tornando-a não mais linear, mas relacional, o que facilita as pesquisas do leitor. O pesquisador pode consultar mais rapidamente cada item ou os documentos (arquivos, imagens, músicas, palavras) que foram objeto do estudo. O mais importante resultado dessa transformação, mencionado por Chartier, a meu ver, é o fato de que o livro digital faz com que o leitor se torne capaz de controlar as interpretações do autor. O leitor adquiriu um acesso mais direto à "prova" mobilizada pelos discursos científicos, ao poder examinar todos os dados e documentos utilizados pelos autores para chegarem às suas conclusões. Toda vantagem, porém, tem uma contrapartida problemática, nesse caso, a dissolução da identidade das revistas digitais, ou seja, do projeto intelectual que cada número representa, uma vez que cada artigo pode ser lido independentemente do conhecimento dos outros, publicados na mesma revista.

Por fim, ao apresentar esse artigo, na defesa contundente da cultura escrita que caracteriza todos

Um mundo sem livros e sem livrarias?

os textos deste volume, Chartier lembra a importância que as edições científicas tomarão na realidade distópica que se apresenta aos nossos olhos após a pandemia: "as inquietações sobre o futuro depois da catástrofe sanitária que vivemos, permitem pensar que as ciências sociais e seus editores desempenham e desempenharão um papel essencial para nosso entendimento do mundo."

O quarto artigo, talvez o mais importante dessa coletânea, é uma investigação profunda sobre as razões do declínio das livrarias e uma defesa apaixonada de sua sobrevivência no mundo em que vivemos e no futuro que nos espera. Como explica o próprio Chartier, sua reflexão tomou "uma urgência mais dramática depois da epidemia do Covid-19, que fechou as livrarias no mundo inteiro e favoreceu as compras on-line".

Chartier começa por realizar um diagnóstico comparativo alarmante sobre a situação das livrarias na Europa, nas Américas e no Brasil, verificando que elas parecem estar desaparecendo, embora haja dados esperançosos, como o aumento do número das livrarias independentes (antes ameaçadas pelas grandes cadeias de livrarias), sobretudo onde o comércio digital alcançou maior êxito, como é o caso dos EUA. Esse dado faz com que o historiador se pergunte se o aumento das compras de livros on-line seria a única ou principal razão para os desaparecimentos ou dificuldades das livrarias, lembrando que, no caso francês, a inflação dos aluguéis dos prédios localizados no centro das cidades é frequentemente mencionada como um problema fundamental. Podemos dizer que esse fenômeno também aconteceu no Brasil, sobretudo no Rio de Janeiro, que viveu um auge imobiliário no período entre as Olimpíadas e a Copa.

Chartier começa por identificar essas transformações, então, nas práticas de leitura, mostrando a que ponto essa revolução digital, ou seja, o advento da Internet e das redes sociais, tendo como suporte os dispositivos portáteis, alterou toda a nossa forma de vida, de consumo e nossas práticas culturais. Foi rompido o antigo laço entre cada discurso e sua materialidade própria, mesmo que, como observa Chartier, com acuidade, a terminologia usada para os novos usos busque "acostumar" o leitor ao novo, com termos que lhe são familiares, tais como "página", "livro", "imprimir". Contudo, como o primeiro artigo do autor já observava, os fragmentos de textos que aparecem nas telas não são páginas, mas, sim, composições singulares e efêmeras, cuja leitura é descontínua, mais do fragmento que da totalidade, ou seja, prescinde da compreensão da identidade e da coerência da obra como um todo.

O futuro das livrarias está na confluência de todas essas mutações da ordem dos discursos. Mudam os conceitos de propriedade literária, estilo, originalidade, definidos desde o século XVIII a partir de uma identidade perpétua das obras, identificável e reconhecível em qualquer de suas publicações. Muda a ordem do discurso, pois se torna difícil falar em "autoridade do saber" em um mundo em que as possibilidades técnicas "permitem colocar em circulação imediata e universal, opiniões e conhecimentos, mas também erros, falsificações e 'verdades alternativas'". Desaparece a possibilidade de compreender uma obra a partir da coexistência de textos em um mesmo objeto (um livro, uma revista, um periódico). A leitura passa a transitar por uma lógica analítica e enciclopédica.

Prefácio

Por outro lado, alguns criadores aproveitam as possibilidades digitais para propor novos gêneros e criações que não seriam possíveis na forma impressa. Essas criações, que exploram a "plurimidialidade", localizam o leitor numa posição que lhe permite escolhas ou participação no processo criativo: ele "produz, corta, desloca, associa ou reconstrói unidades textuais breves, móveis e maleáveis". Diante dessas novas experiências de escrita e leitura, Chartier aponta para a possibilidade das categorias antes existentes na ordem dos discursos ser implodida e substituída por novas formas de pensar os textos, que se tornam polifônicos palimpsestos.

Além disso, para o bem e para o mal, como reflete Roger Chartier, o mundo digital produz a transformação "das categorias mais fundamentais da experiência humana", por exemplo as noções de amizade, que passa a ser "multiplicada até o infinito", de identidade, que se torna "escondida ou pluralizada", de privacidade, por sua vez, agora, "ocultada ou exibida". Permite a "invenção de novas formas de cidadania, mas também constitui um poderoso instrumento de manipulação, de controle e de censura".

Embora advertindo contra os perigos dessas mutações, Chartier não deixa de perceber o alcance sem precedentes das diferentes revoluções da cultura escrita que se apresentam, hoje, simultaneamente: na técnica de produção e reprodução dos textos (que passam a ser distribuídos em bancos de dados, por exemplo), na materialidade e na forma do seu suporte e nas práticas de leitura. É o leitor, e não o autor ou editor, que passa a ter o domínio sobre o que quer ler e de que forma. A aceleração da leitura é uma das consequências: o leitor, acostumado a buscar e obter as informações com rapidez, pula de um ponto a outro, sem se entregar à decifração da totalidade de um texto. Pelo contrário, muitas vezes, antecipa ou quer chegar, o mais rápido possível, ao desenlace.

O resultado pode ser o que Chartier aponta como um dos maiores perigos da nossa época, "esses usos impacientes se encontram associados com a falta de questionamento sobre a veracidade dos conteúdos transmitidos. Desafiam as operações mais lentas do conhecimento crítico necessário para a compreensão tanto do presente como do passado". Todos nós, brasileiros, tragicamente descobrimos

Prefácio

que o uso das redes sociais para distorcer a verdade, nas eleições americanas e brasileiras, é uma amostra desse fato: a revolução digital acabou abrindo caminho para a manipulação dos indivíduos.

Chartier reflete sobre a importância das livrarias em meio a essas areias movediças:

> *Hoje em dia, em nosso tempo de reescritas falsificadas da história, de falsas "verdades", do crédito outorgado às teorias mais absurdas, as livrarias são um instrumento essencial de acesso aos saberes críticos. Num tempo no qual, em muitos países, é a noção mesma de verdade que se encontra desafiada, ameaçada, descartada, as livrarias mantêm o vínculo antigo que ligou a verdade e a democracia, o conhecimento e a deliberação, a circulação dos escritos e o uso público e crítico da razão.*

Como salvar, então, as livrarias, do desaparecimento? Dispositivos legais podem ajudar, como mostraram as legislações de vários países, estabelecendo o preço fixo do livro. Mas não bastam, é preciso uma conscientização sobre a importância das livrarias, mostrando que as funções que elas desempenham na sociedade não podem ser preenchidas pelas formas de comunicação digital.

Para Chartier, precisamos recuperar e até mesmo revitalizar as livrarias como um lugar de encontro, "entre livreiros e livros, entre livros e leitores, entre leitores e livreiros ou outros leitores". É a livraria o espaço capaz de reconstituir, em torno do livro e da cultura escrita, as sociabilidades, o elo com os outros, que parece, mais do que nunca, passível de desaparecimento, sobretudo em tempos de pandemia. O historiador reforça: "as livrarias multiplicam as circunstâncias para que os leitores se encontrem em torno do patrimônio escrito, da criação intelectual, das experiências estéticas. São uma instituição fundamental no espaço público de que necessitam nossas sociedades."

As várias formas de inscrição, publicação e apropriação dos escritos não são equivalentes e, por consequência, uma nunca pode ou deve substituir-se às outras. As coleções digitalizadas não são equivalentes aos livros impressos das bibliotecas, os perió-

Prefácio

dicos eletrônicos não se equiparam à sua edição impressa e a compra de livros on-line não substitui as livrarias.

A lógica que governa a cultura impressa é espacial, topográfica, cartográfica. As páginas de um livro ou de um periódico, as estantes de uma biblioteca, os espaços de uma livraria são territórios que o leitor percorre. Muitas vezes, ele encontra nessas incursões o que não estava buscando, como um viajante, um peregrino ou um caçador furtivo, metáforas de Michel de Certeau evocadas por Chartier.

O pensador lembra que toda reflexão sobre as livrarias será permeada pelos dois temores contraditórios que obcecaram a primeira era moderna e nos atormentam ainda mais fortemente hoje em dia: por um lado, o medo ante a possibilidade da multiplicação infinita dos textos, provocando a desordem do discurso e, por outro, a ansiedade perante a perda, o apagamento, o esquecimento.

As livrarias são um antídoto contra esses temores tão antigos, pois sempre foram um dos principais instrumentos de organização da circulação dos discursos, assegurando uma dinâmica da assimilação do patrimônio escrito. Por essa razão, seu desaparecimento é uma ameaça para a humanidade. Chartier conclui, com uma poética exortação: "Como sabemos, raramente o mundo se conforma totalmente às nossas utopias. As realidades econômicas sempre delimitam as condições e os limites do que é possível. Contudo, é a força das lembranças, dos sonhos, das utopias que pode, e deve inspirar as decisões institucionais, as ações coletivas e as condutas individuais que nos evitarão a infinita tristeza de um mundo sem livrarias."

Em seguida, Chartier se detém sobre a autopublicação, em crescimento no mundo inteiro. Esse fenômeno é, hoje, mais propiciado pelo advento das publicações digitais, embora ainda sejam mais frequentes os livros impressos autopublicados.

Chartier mostra que as motivações dos autores para publicarem eles mesmos seus livros são semelhantes desde a Idade Moderna. De um lado, eles desejavam controlar melhor o processo de edição, tratando direto com os impressores. De outro, vinha a afirmação da propriedade do autor sobre sua obra e sua busca de uma legítima remuneração do valor de seu trabalho intelectual. Essas reinvindicações, comuns entre os autores que cediam seus manuscritos aos livreiros editores, são as mesmas dos autores que se autopublicam hoje.

Contudo se, antes, a chamada publicação "*à compte d'auteur*" era valorizada, podendo destinar-se aos leitores mais prestigiosos, a partir do século XX, ela se torna uma prática marginalizada, supostamente praticada por autores que não conseguiram encontrar um editor comercial que se interessasse por seu trabalho. Esse desprezo se mostra na expressão inglesa "*vanity publishing*", ou seja, publicar por vaidade, para se tornar famoso. Atualmente, apareceram também muitas editoras especializadas em publicar às expensas dos autores, por essa razão, mais condescendentes com a escolha dos títulos de seu catálogo, o que contribui para o reforço da imagem do autor como alguém que se autopublica por mera vaidade.

Chartier se pergunta se a autoedição de hoje é herdeira da longa história da edição "à compte d'auteur", com o prestígio de obras e autores, ou da pejorativa "*vanity publishing*", enfim, se não há continuidade entre essas duas formas de autopublicação.

Embora ainda predominem os livros impressos autopublicados na América latina, a entrada no mundo digital transformou o ecossistema editorial e, em especial, a autopublicação, que passa a oferecer muitas vantagens para os autores: agora, pode ser feita até mesmo sem custos. Além disso, o tempo entre a escrita e a publicação passa a ser decidido pelo autor e não pela editora, facilitando a continuidade entre as práticas cotidianas da escrita e a publicação. Além disso, teoricamente, os autores poderiam receber mais do que costumam receber nos contratos com as editoras. Apenas teoricamente, pois as editoras, em geral, dispõem de mais recursos e expertise para tornar as obras vendáveis, além de, muitas vezes, as obras serem julgadas pelo prestígio de suas editoras.

Contudo, também as instâncias de valorização dos textos atravessam uma mutação: as avaliações dos "*booktubers*" substituem as resenhas nos periódicos e uma nova relação se estabelece entre os autores e seus leitores graças às páginas web, os blogs ou as redes sociais, estimulando a leitura dos livros autopublicados. Por todas essas razões, a autopublicação aumentou muito no mundo inteiro, nos últimos anos, como demonstra o historiador. Chartier, então, se pergunta: "Devemos concluir que isso significa a morte dos editores e das editoras?"

Poderia ser assim, segundo Roger Chartier, se as editoras também não se transformassem para atender a essa demanda. As especializadas na modalidade de autopublicação propõem aos autores serviços como revisão, diagramação e distribuição. Outro fenômeno é que algumas das editoras tradicionais passaram a editar digitalmente livros que não querem incluir imediatamente no seu catálogo, mas que parecem promissores, como uma espécie de "teste" da recepção que um livro encontrará por parte do público. Mas são as plataformas dos distribuidores e "livrarias" digitais que asseguram o essencial da difusão dos livros autoeditados e, nelas, todos esses processos parecem prescindíveis, inclusive a figura do editor.

Um resultado importante, porém, da autopublicação, como reflete Chartier, é a democratização do acesso à publicação, por isso acontece atualmente uma proliferação dos autores que são também seus próprios editores. Por outro lado, isso gera uma competitividade positiva, pois pode ser um estímulo para que as editoras, digitais ou não, continuem a investir nos serviços que tendem a contribuir para uma melhor qualidade dos livros que publicam, criando um diferencial em relação àqueles editados pelo próprio autor.

A desvantagem, a meu ver, é que, ao impor um filtro sobre o que deveria vir à luz, as editoras exercem, de certa forma um controle que pode ser, muitas vezes, arbitrário, mas é também curatorial, ao publicarem as obras de maior qualidade, entre os diversos gêneros. Esse fator faz com que o leitor tenda a ter mais interesse pelos livros publicados por editoras de prestígio, as quais adquiriram sua reputação justamente pela escolha de bons livros... Em contrapartida, o excesso de publicações do mundo digital acaba fazendo com que muitas obras importantes passem despercebidas.

Chartier lembra o incrível potencial da autoedição digital, de inventar novas formas discursivas, nos e-books para crianças, por exemplo, inclusive no Brasil, que introduzem gêneros próprios das redes sociais (e-mails, blogs, links), explorando uma "plurimidialidade" mais rica que a simples relação entre texto e imagens. Nessas publicações, o leitor pode escolher entre várias opções narrativas, e isso em livros, muitas vezes, sem custos, ou seja, de acesso livre.

Da mesma forma, as narrativas multimídia ou *electronic literature* mesclam tecnologia e textualidade, mídias digitais e linguagens, escrita e jogos de vídeo, redes sociais e aplicações digitais. Porém, Chartier adverte que, apesar de todas as suas potencialidades, nosso mundo digital não conseguiu ainda cumprir de forma satisfatória essa dupla exigência de conservação e de classificação que caracteriza as instituições e ferramentas da cultura impressa: as bibliotecas, livrarias, cânones, bibliografias, catálogos...

Apesar de tudo que se diga sobre o declínio ou o desaparecimento dos livros e do interesse por eles, nunca se escreveu tanto e nunca foi tão fácil publicar como agora.

Um mundo sem livros e sem livrarias?

Chartier se pergunta sobre o futuro do livro nessa nova ordem dos discursos: eles continuarão fiéis à sua forma discursiva tradicional ou se tornarão cada vez mais um laboratório de experimentação multimídia? Para o historiador, não há como saber, são as práticas dos "digital natives" que irão "plasmar o futuro".

O quinto artigo, belíssimo, sobre suas próprias lembranças de leitor e os livros que leu quando criança e adolescente, foi realizado por Roger Chartier para atender à solicitação da revista eletrônica espanhola *Alabe*.

Chartier transformou seu esforço de memória pessoal em uma reflexão universal sobre o fenômeno da leitura de textos "que não são nem escritos, nem verbais", o qual caracteriza também, de forma diferente, a experiência de mundo dos leitores de nossa época digital, não apenas dos usuários das redes sociais.

Esse artigo também pode ser lido como um resumo e uma reflexão sobre o percurso histórico vivido pela relação entre texto e imagem, que culmi-

Prefácio

na no uso das ilustrações nos livros, desde o aparecimento do codex.

O historiador começa por distinguir a descoberta da leitura, de um lado, por parte das crianças que sempre tiveram muitos livros à sua disposição. De outro, encontram-se aquelas que, como o próprio Roger Chartier, cresceram em um mundo sem livros, ou seja, em que seus familiares, muitas vezes de setores desfavorecidos da sociedade, em geral, não possuíam livros, nem tinham o hábito da leitura. As crianças que crescem no mundo "com livros" tendem a desenvolver um interesse pela leitura, muitas vezes, transgressivo, à margem da escola, a qual proporia leituras consideradas "obrigatórias, pesadas e aborrecidas".

Para os leitores que nascem em um mundo sem livros, ou quase sem livros, a leitura é uma conquista, não uma herança, e sua relação com os livros se constrói na escola. Suas leituras são as requeridas ou recomendadas pelos mestres e professores.

Muitas das crianças que liam sem livros, adquiriam o hábito da leitura através das histórias em quadrinhos, as quais também faziam parte do elenco de leituras das crianças com herança escrita, à diferença que estas tinham também acesso aos livros em casa, não apenas na escola, como as outras. O depoimento de Roger Chartier mostra a importância de projetos como o "Literatura em Minha Casa", do MEC, em que um pequeno lote de cerca uma dezena de livros variados de literatura brasileira contemporânea eram doados às famílias das crianças das escolas públicas.

Infelizmente, esse excelente projeto que, muitas vezes, ampliava a leitura também por parte de outros membros da família, não apenas as crianças, foi extinguido em 2004, depois de alguns anos de implantação[6].

Chartier remonta ao século XVIII, para falar de como o nascimento de uma nova concepção da relação entre o escrito e o icônico substituiu a teoria

---

6   O programa *Literatura em Minha Casa* foi parte de uma ação institucional mais ampla de formação de leitores, o PNBE, Programa Nacional Biblioteca na Escola. Para saber mais, ver Maria Jaqueline de Grammont Machado de Araujo. *Livros que andam*: disponibilidade, acesso e apropriação da leitura no contexto do programa *Literatura em Minha Casa*. Curitiba, PR, CRV, 2011.

Prefácio

renascentista da equivalência entre discurso e imagem, escrita e pintura. A imagem passou a ser pensada como um suplemento do texto: podia mostrar o que o discurso não podia narrar. Nesse momento, "quando as imagens transmitem um excedente de sentido ausente no texto, ler e ver não são mais sinônimos", observa o historiador.

Chartier observa que essa mutação fez com que a palavra "leitura" seja aplicada até hoje também a imagens, ou seja, a outros tipos de textos e lembra que esta ideia é o fundamento da noção de *"palavra-mundo"* no trabalho de Paulo Freire:

> *Em seu pequeno livro "A importância do ato de ler", Paulo Freire faz a distinção entre dois sentidos da palavra "ler". No sentido literal, ler é ler letras, palavras, textos, livros. Essa leitura supõe a alfabetização, a aprendizagem escolar, o domínio da palavra escrita. Porém, "ler" tem também outro sentido. Ler é, antes ou depois da leitura dos livros, "ler" o mundo, a natureza, a memória, os gestos, os*

sentimentos – tudo aquilo que Paulo Freire designa com o neologismo: **palavramundo**.[7]

Contudo, há uma complexidade a ser considerada entre a leitura das imagens e a leitura dos textos. Não é a mesma coisa. A partir desse relato, Chartier se pergunta se é verdade que se lê sem livros, no mundo digital.Para isso, segundo o historiador, seria preciso saber se os e-books podem ser considerados "livros".

Chartier retoma a definição kantiana do livro, com sua dupla natureza: a forma material e as ideias que ele expressa, para concluir que o "livro eletrônico" desafia essa duplicidade com que o livro sempre foi definido. Os discursos lidos em livros impressos são diferenciados, em sua identidade e coerência,pela materialidade do suporte, enquanto aqueles lidos no computador, não, permanecem indistintos. Encontra-se assim desatada a relação que Kant estabelecia entre o "*opus mechanicum*", ou seja, a materialidade do livro e o discurso dirigido ao público.

---

[7] Paulo Freire. *A importância do ato de ler.* (1981) 23ª edição. São Paulo: Cortez, 1989.

Prefácio

O segundo desafio, segundo Chartier, é a indiferenciação entre os gêneros, na forma digital. O livro, com sua construção e arquitetura realizadas por seu autor, no computador, não se distingue mais de outros tipos de produção escrita, como cartas, contos, relatórios, etc. Roger Chartier lembra que os textos breves das redes sociais são os gêneros mais comuns na textualidade digital e podem ser escritos ou lidos nas telas do computador, no tablete, no smartphone. Além disso, no livro impresso, as partes que compõem a totalidade da obra — seus capítulos, por exemplo, que desempenham um papel na narrativa, na argumentação ou na demonstração — são mais visíveis para o leitor, mesmo que ele não leia o livro inteiro.

Chartier adverte: "no mundo digital, a tela do computador faz aparecerem fragmentos textuais descontextualizados, despojados do sentido que tinham na arquitetura do livro." E o historiador faz um alarmante diagnóstico: "se até agora o livro mantém sua presença predominante como objeto no mercado editorial e como tipo de discurso na edição digital, devemos considerar que as práticas quotidianas, multiplicadas, incessantes, aceleradas, da escrita e da leitura digitais se afastam e nos afastam radicalmente do livro na sua dupla natureza, material e textual."

Como conclui Chartier, a cada dia se lê mais, sem livros. E pode ser que essa nova ordem dos discursos se torne a nossa.

O que aconteceria conosco, sem discursos que buscam exprimir um pensamento com um arcabouço lógico? Que consequências essa fragmentação teria para o raciocínio e a linguagem? O que podemos esperar de uma sociedade sem livros?

Chartier lembra a máxima de Walter Benjamin, de que "as técnicas produzem efeitos possivelmente contraditórios, que dependem de seus usos por parte das instituições e dos indivíduos"[8], para lançar uma dúvida sobre o que ocorrerá no futuro, dúvida que não deixa de ser uma esperança. E, sobretudo, uma exortação à preservação do livro como uma herança fundamental para a humanidade.

---

8   Walter Benjamin. *A Obra de arte na época de sua reprodutibilidade técnica.* (1936) Tradução de Francisco de Ambrosis Pinheiro Machado. Porto Alegre: Zouk Editora, 2012.

Prefácio

No epílogo, Roger Chartier conclui, recolocando a pergunta que paira sobre todos os textos desta coletânea: estamos caminhando para um mundo sem livros e sem livrarias? Conhecendo o fato de que a pandemia do Covid-19 provocou um recrudescimento das dificuldades já enfrentadas pelos editores e livreiros, Chartier procura articular a reflexão de mais longa duração realizada neste livro, com uma abordagem da grave conjuntura do presente.

Realizando um diagnóstico comparativo a partir dos dados colhidos sobre o declínio da leitura e das vendas de livros na Europa e nas Américas, Roger Chartier mostra a que ponto "o choque da pandemia atingiu uma economia editorial já fragilizada pela contração nas vendas e pelos novos hábitos culturais dos leitores".

Como mostra Chartier, a evolução do crescimento do PIB nos últimos anos permaneceu independente do mercado de livros, infelizmente, muito mais afetado pelas recessões do que o foram outros insumos econômicos. Contudo, a pandemia agravou ainda mais essa situação, provocando um declínio de mais de 50% nas vendas, em 2020, em relação a

2019. Como observa Chartier, "esse fenômeno levou a uma diminuição no número de lançamentos de novos títulos, adiamento para 2021 de uma parte daqueles que deveriam ser lançados em 2020, bem como a publicação de mais títulos em formato digital." E por toda parte, na Europa, Américas e Brasil as livrarias vêm sendo consideradas o elo mais frágil de todo o ecossistema do livro.

A pandemia tornou mais agudas as dificuldades enfrentadas pelo setor. Todas as lojas tiveram que ser fechadas durante o período de confinamento e, ao retomarem suas atividades, tiveram que impor restrições que as descaracterizaram como espaços de convivência tão agradáveis. Os perigos que ameaçam as livrarias — a concorrência com as vendas "online", os custos de aluguel nos centros urbanos, as margens de lucro estreitas — se tornaram, então, prementes como nunca.

O historiador observa que, em todos os lugares, na Europa, nas Américas e no Brasil, as recomendações para salvá-las são semelhantes, dirigidas aos poderes públicos: por exemplo, a desoneração ou isenção de cargas tributárias, a renegociação de empréstimos bancários, a concessão de empréstimos à taxa zero ou a concessão de auxílios e subvenções por parte do governo. A lei do preço único, que equaliza mais as oportunidades entre livrarias físicas e virtuais é uma medida fundamental. Também o apelo para compras massivas de livros pelos poderes públicos para abastecer bibliotecas escolares é mencionado pelo historiador, bem como a revisão das tarifas postais, o que permitiria uma concorrência menos desigual entre as livrarias independentes e as poderosas empresas que controlam o e-commerce.

Chartier se pergunta, preocupado, "se o presente da pandemia seria também o nosso futuro". E exorta à ação:

> *Na escala do tempo humano, o curso da história não é inexorável. As decisões e ações podem infletir sobre ele, acelerá-lo ou retardá-lo. Daí a importância de políticas públicas e medidas para preservação das livrarias — que são um elemento essencial do espaço cívico — e dos livros que disseminam saberes e poesia. (...) Em cada país, editores, livreiros e bibliotecá-*

Um mundo sem livros e sem livrarias?

rios as conhecem e tentam convencer seus governantes a tomarem essas medidas. Eis a urgência.

Roger Chartier lembra uma sugestão, enunciada na América do Sul, de consolidar a livraria através de uma integração mais profunda ao digital. De que forma? Entre outras medidas, com o desenvolvimento de plataformas de venda à distância e impressão sob demanda, nas próprias livrarias, das obras digitais das editoras. Recentemente, a editora Record lançou uma importante campanha, muito louvável, para auxiliar as livrarias físicas, disponibilizando seus lançamentos por um mês, primeiramente para estas, em seguida, para outras plataformas de vendas on-line.

Como lembra Chartier, para a sobrevivência dos editores que "editam" e que procuram formar um catálogo de prestígio, com títulos que definem um projeto estético ou intelectual, é preciso o apoio do poder público. E mais, o autor termina essa obra indispensável nesse momento tão complexo, que exige decisões tão urgentes, com a advertência de que todos — poderes públicos e leitores — devem assumir suas responsabilidades para o estímulo à retomada das atividades que formavam a nossa sociabilidade antes da pandemia perturbar nossas vidas: comprar livros de livreiros, ler o jornal impresso, frequentar bibliotecas. Para o autor, não ceder às facilidades do digital é preservar, de certa forma, "o mundo que amamos".

Da mesma forma, o historiador nos convida a reagirmos todos contra a erosão dos critérios da verdade e o abandono do julgamento crítico, além da deturpação da história, que vêm acontecendo como consequências das "leituras impacientes, crédulas e manipuladoras das redes sociais".

Roger Chartier termina observando que "a pandemia trouxe uma forma paroxística a perguntas que a precederam e das quais os capítulos deste livro portam testemunho", sobretudo por demonstrar que "um mundo sem livrarias, sem escolas, sem proximidade é possível. Mas também levou a uma definição mais precisa do que devemos fazer, como consumidores, como leitores, como cidadãos, para evitar que a situação excepcional do presente venha a se tornar a normalidade do amanhã".

Um mundo sem livros e sem livrarias?

Nesse percurso pela história do livro no passado e no presente, em cada artigo deste livro, Chartier procura seriamente responder à questão: o mundo que conhecemos, com livros, livrarias e bibliotecas, irá desaparecer? Essa resposta será prismática, desdobrando as diferentes perspectivas e abordagens de todas as faces dessa mutação para o digital que estamos vivendo.

Após a leitura de todos esses artigos, o leitor se sentirá seguro para debater esses temas, que se multiplicam em tantas perguntas. Ao ler esta coletânea, o leitor descobrirá o que sugere Roger Chartier, um dos mais importantes historiadores do mundo dedicados à história do livro, para enfrentarmos esses desafios e nos tornarmos capazes de lutar, como ele preconiza, pela preservação da "difusão dos conhecimentos verdadeiros sem os quais não há democracia".

Guiomar de Grammont
Ouro Preto, 11 de setembro de 2020

I

A MORTE DO LIVRO?

Este primeiro capítulo é o texto de uma conferência pronunciada em espanhol no dia 2 de novembro de 2006 no Forum das Letras, evento da Universidade Federal de Ouro Preto. Foi escrito no momento das minhas primeiras interrogações sobreas mutações implicadas pelo advento do mundo eletrônico. Antes desta conferência havia já esboçado algumas reflexões sobre o tema em meus livros A aventura do livro. Do leitor ao navegador (Unesp, 1998) e Os desafios da escrita (Unesp, 2002). Quinze anos depois, parece que o diagnóstico sobre as diferenças entre livro digital e livro impresso pode ser aceito. Porém não é o caso do otimismo final, assegurando que o livro não vai morrer. O futuro do livro se tornou hoje mais incerto e com muitos matizes. Tampouco seria possível separar, como se fazia nesse tempo, o destino do livro das profundas transformações de todas as práticas da escrita e da leitura produzidas pela digitalização das comunicações e dos comportamentos.

Um mundo sem livros e sem livrarias?

Pensando na pergunta que me propôs Guiomar de Grammont como tema para esta conferência me lembrei de uma outra, realizada em 1998 por Umberto Eco, em Veneza, em um curso dirigido a jovens livreiros italianos. Eco disse: "Estou obcecado há alguns anos por uma perguntacolocada em toda entrevista ou colóquio em que sou convidado: 'O que o senhor pensa da morte do livro?' Não aguento mais essa questão. Mas como começo, eu mesmo, a ter algumas ideias sobre a minha própria morte, entendo que esta repetitiva pergunta traduz uma inquietação verdadeira e profunda."[9] Portanto, devemos considerar essa pergunta com seriedade e não nos satisfazermos com a observação de que nunca na história da humanidade se produziram e venderam tantos livros como em nossos tempos.

As evidências das estatísticas não bastam para apaziguar as ansiedades frente à possível desaparição do livro tal como o conhecemos e, por consequência, das práticas de leitura e da definição de literatura que, espontaneamente, vinculamos com este supor-

---

9   Umberto Eco. *I libri antecipano l'eternità, Scuola Librai.* Umberto e Elisabetta Mauri, 2017.

te específico, diferente de todos os outros suportes da cultura escrita: o livro – nosso livro, com suas folhas, suas páginas, suas capas. Porém, para além dessa inquietação compartilhada sobre a morte do livro e a data do seu desaparecimento, devemos colocar uma pergunta ainda mais fundamental: "O que é um livro?"

Essa pergunta não é nova. Kant a formulou em 1798 na *Metafísica dos Costumes*.[10] Sua resposta distingue o livro como objeto material, como "*opus mechanicum*", que pertence a quem o comprou, e o livro como discurso dirigido ao público, cujo proprietário é o autor e cuja publicação – no sentido de tornar público um texto – remete ao "*mandatum*" do escritor, ou seja, ao contrato explícito estabelecido entre o autor e seu editor, o qual atua como seu representante ou mandatário.

Nesse segundo sentido, o livro, entendido como obra, transcende todas as suas possíveis materializações. Blackstone, um advogado mobilizado

---

10   Immanuel Kant. *A Metafísica dos Costumes. Contendo a Doutrina do Direito e a Doutrina da Virtude*, (1797). Tradução de Edson Bini. 2ª edição revista, São Paulo: Edipro, 2008, p. 135.

para defender o *copyright* perpétuo dos livreiros londrinos, prejudicado por uma nova legislação em 1710, definiu esse direito da seguinte forma: "a identidade de uma composição literária reside inteiramente no *sentimento* e na *linguagem*; as mesmas concepções, vestidas com as mesmas palavras, constituem necessariamente uma mesma composição; e qualquer que seja a modalidade escolhida para transmitir tal composição ao ouvido ou ao olho – por recitação, escrita manual ou impressa, seja qual for o número de seus exemplares ouo momento de sua circulação, é sempre a mesma obra do autor que assim é transmitida; e ninguém pode ter o direito de transmiti-la ou transferi-la sem seu consentimento, seja tácita ou expressamente outorgado".[11]

Durante o debate levado a cabo sobre as edições piratas na Alemanha, país em que estas foram particularmente numerosas devido ao desmembramento das soberanias estatais, Fichte enuncia de

---

11 William Blackstone. *Commentaries on the Laws of England*, Oxford, 1765–1769. ApudROSE, Mark.*Authors and Owners. The Invention of Copyright*, Cambridge: Mass. e Londres: Harvard University Press, 1993, p. 89–90.

outra maneira esse aparente paradoxo. À dicotomia clássica que separa o texto do objeto, acrescenta uma segunda separação, que distingue, em toda obra, as ideias que expressa e a forma que lhes dá a escritura. As ideias são universais por sua natureza, seu destino e sua utilidade; portanto, não podem justificar nenhuma apropriação pessoal. Esta é legítima somente porque "cada um tem sua própriamaneira de organizar as ideias, seu modo particular de produzir conceitos e de ligá-los uns aos outros. Como as ideias são puras, sem imagens sensíveis, não podem nem mesmo pensar, ainda menos se apresentar aos outros, é preciso que todo escritor dê aos seus pensamentos alguma forma que não pode ser nenhuma outra senão a sua própria, pois não há para ele, outras". De onde se depreende que "ninguém pode se apropriar de seus pensamentos sem mudar a forma desses pensamentos. Essa forma também continua para sempre sua propriedade exclusiva".[12]

A forma textual é única e é uma poderosa justificação da apropriação singular das ideias comuns, tal como os textos impressos as transmitem. Uma propriedade dessa natureza tem um caráter totalmente particular porque, ao ser inalienável, permanece indisponível, não transmissível, e quem a adquire (por exemplo, um livreiro ou editor) apenas a usufrui ou representa, circunscrito a uma série de determinações, tais como a limitação da tiragem de cada edição ou o pagamento de um direito para cada reedição. As distinções conceituais construídas por Fichte, portanto, devem permitir a proteção dos editores contra asedições piratas, sem prejudicar em nada a propriedade soberana e permanente dos autores sobre suas obras. Assim, de forma paradoxal, para que os textos pudessem ser submetidos ao regime de propriedade,

---

12   Johann Gottlieb Fichte. «Beweis der Unrechtmässigkeit der Büchernachdrucks. Ein Räsonnement und eine Parabel», *Berlinische Monatschrift*, Maio 1793, p. 443–482, Apud WOODMANSEE, Marta. *The Author, Art, and the Market. Rereading the History of Aesthetics*, Nova York: Columbia University Press, 1994, p. 51–53.

era necessário que fossem conceitualmente separados de toda materialidade particular e referidos somente à singularidade inalterável do gênio do autor.

Para Diderot, é precisamente porque cada obra expressa, de uma maneira irredutivelmente singular, os pensamentos ou sentimentos de seu autor, que ela é sua legítima propriedade. Em sua Carta sobre o Comércio da Livraria, de 1763, Diderot escreve: "Que bem pode um homem possuir, se uma obra do espírito, fruto único de sua educação, de seus estudos, de suas noites insones, de seu tempo, de suas pesquisas, de suas observações; de suas mais belas horas, dos melhores momentos de sua vida; se seus próprios pensamentos, os sentimentos de seu coração; sua porção mais preciosa, aquela que nunca morre, que o imortaliza, não lhe pertencer?"[13]

É assim que, no século XVIII, as respostas à pergunta "O que é um livro?" foram plasmadas em uma linguagem filosófica, estética e jurídica que de-

---

13 Denis Diderot. *Carta sobre o comércio do livro*. Tradução de Bruno Feitler. Rio de Janeiro: Casa da Palavra, 2002, p. 67–68; Texto francês: Diderot. «Lettre sur le commerce de la libairie». In: Œuvres complètes, Tome VIII, Edition critique de John Lough et Jacques Proust, Paris: Hermann, 1976, p. 465–567 (citação p. 509–510).

via fundamentar a propriedade dos autores sobre suas obras e, por consequência, os direitos dos editores sobre as edições que asseguravam a publicação e circulação das obras. Mas antes de analisar porque, hoje em dia, se teme tanto o desaparecimento da realidade material do objeto livro quanto da definição intelectual e estética do livro como obra, é talvez necessário encontrar outras respostas à questão proposta por Kant.

No século XVII, é frequentemente a linguagem metafórica o que permite pensar a dupla natureza do livro, como "*opus mechanicum*" e como "discurso". É assim que, em 1680, um impressor madrilenho chamado Alonso Víctor de Paredes inverte a metáfora clássica que descrevia os corpos e os rostos humanos como livros. Ele considera que o livro é uma criação humana porque, como o homem, tem corpo e alma: "Relaciono a fabricação do livro à de um homem, que tem uma alma racional, criada por Nosso Senhor com todas as graças que sua Divina Majestade lhe quis dar e, com a mesma onipotência, deu a essa alma um corpo galante, belo e harmonioso".[14] Se o livro pode ser comparado com o homem é porque Deus criou a criatura humana da mesma maneira com que uma obra é criada.

O letrado Melchor de Cabrera dá uma forma mais elaborada à comparação, considerando o homem como o único livro impresso dentre os seis que Deus escreveu. Os outros cinco são o Céu estrelado, comparado com um imenso pergaminho cujo alfabeto são os astros; o Mundo, que é a soma e o mapa da Criação em sua totalidade; a Vida, identificada com um registro que contém os nomes de todos os eleitos; o próprio Cristo, que é, a um só tempo, *"exemplum"* e *"exemplar"*, um exemplo proposto a todos os homens e o texto que deve ser reproduzido; e a Virgem, o primeiro de todos os livros, cuja criação no Espírito de Deus, a "Mente Divina", preexistiu à do Mundo e dos séculos. Entre esses livros de Deus, todos mencionados pelas Escrituras ou pelos Padres da Igreja, e todos referidos por Cabrera a um ou outro dos suportes da cultura escrita de seu tempo, o

---

14   Alonso Víctor de Paredes. *Institución y Arte de la imprenta y Reglas generales para los componedores*. Edição e prólogo de Jaime Moll. Madri: El Crotalón, 1984. Nova edição, Madri: Calambur, 2002, fol. 44 v°.

homem é uma exceção porque resulta do trabalho da impressão: "Deus colocou na prensa sua imagem e sua matriz para impressão, para que a cópia saísse conforme a forma que ele deveria ter [...] e quis, ao mesmo tempo, se alegrar com cópias tão numerosas e tão variadas de seu misterioso Original."[15]

Paredes compartilha da imagem. Porém, para ele, a alma do livro não é apenas o texto tal como foi composto, ditado, imaginado por seu criador, já que "um livro perfeitamente acabado contém uma boa doutrina, apresentada adequadamente pelo impressor e pelo revisor. É isso que considero alma do livro. Uma bela impressão sob a prensa, limpa e cuidada, é o que faz com que eu possa compará-la a um corpo gracioso e elegante".[16] Se o corpo do livro é o resultado do trabalho dos impressores, sua alma não está moldada somente pelo autor, mas re-

---

15   Melchor Cabrera Núñez de Guzmán. *Discurso legal, historico, y politico, en prueba del Origen, Progressos, Utilidad, Nobleza, y Excelencias del Arte de la Imprenta, y de que se le deben (y a sus Artifices), todas las Honras, Exempciones, Inmunidades, Franquezas, y Privilegios de Arte Liberal, por ser, como es, Arte de las Artes*. Madrid: Lucas Antonio de Bedmar, 1675, fol. 4 v°.
16   Alonso Víctor de Paredes. *Institución y Arte de la imprenta*. Op. cit., fol. 44 v°.

cebe sua forma de todos aqueles – mestre impressor, tipógrafos e revisores – que têm o cuidado de fazer a pontuação, a ortografia e a diagramação. Deste modo, Paredes rechaça de antemão a separação que se estabeleceu, no século XVIII, entre a substância essencial da obra, considerada para sempre idêntica a si mesma, qualquer que seja sua forma, e as variações acidentais do texto, que resultam do trabalho na oficina e que contribuem para a produção, não apenas do livro, mas também do próprio texto.

"O que é um livro" é também uma pergunta dos Modernos, que se encontra com frequência vinculada a outra: "O que é um autor?" (Foucault) ou "O que é a literatura?" (Sartre). Eu gostaria de me deter agora na resposta dada por Borges em 1952, para a pergunta sobre "O que é um livro?": "Um livro é mais que uma estrutura verbal, ou que uma série de estruturas verbais; é o diálogo que trava com seu leitor e a entonação que impõe à voz dele e as imagens mutantes e duráveis que deixa em sua memória. Esse diálogo é infinito; as palavras *amica silentia lunae* significam agora a lua íntima, silenciosa e reluzente, e na *Eneida* significaram o interlúnio, a obscuridade que permitiu aos gregos entrar na cidadela de Tróia... A literatura não é finita, pela simples e suficiente razão que um único livro também não é. O livro não é um ente incomunicável: é uma relação, é um eixo de inumeráveis relações. Uma literatura difere de outra, ulterior ou anterior, menos pelo texto do que pela maneira de ser lida: se me fosse outorgado ler qualquer página atual — esta, por exemplo — tal como a lerão no ano 2000, eu saberia como será a literatura no ano 2000".[17]

Neste sentido de diálogo infinito estabelecido entre o texto e seus leitores, o "livro" nunca desaparecerá. Mas é um livro somente um texto? E a literatura são apenas palavras e imagens que atravessam os séculos e cuja inalterada permanência se oferece às interpretações ou "entonações" diversas de seus sucessivos leitores?

Recentemente, David Kastan, um crítico shakespeariano, qualificou de "platônica" a perspectiva

---

17   Jorge Luis Borges. «Nota sobre (em busca de) Bernard Shaw», em Borges, *Outras Inquisições.* (1952) Tradução de Davi Arrigucci Jr. São Paulo: Companhia das Letras, 2012, p. 182–183. Texto espanhol: Jorge Luis Borges. *Otras Inquisiciones.* Madri: Alianza Editorial, 1997, p. 237–238.

segundo a qual uma obra transcende todas as suas possíveis encarnações materiais, e de "pragmática" a que afirma que nenhum texto existe fora dos suportes em que o dão a ler ou a ouvir.[18] Esta percepção contraditória dos textos divide tanto a crítica literária quanto a prática editorial, e coloca em contraposição aqueles que reafirmam que é necessário recuperar o texto tal e qual seu autor o redigiu, imaginou, desejou, reparando nas feridas que lhe infligiram a transmissão manuscrita ou a composição tipográfica, e aqueles que preconizam que as múltiplas formas textuais nas quais foi publicada uma obra constituem seus diferentes estados históricos que devem ser respeitados, editados e compreendidos em sua irredutível diversidade. A tensão entre a imaterialidade das obras e a materialidade dos textos é a mesma que caracteriza as relações dos leitores com os livros de que se apropriam, ainda que não sejam nem críticos nem editores.

Em uma conferência pronunciada em 1978, "*El libro*", Borges declara: "Eu pensei um dia escrever

---

18   David Scott Kastan. *Shakespeare and the book*. Cambridge: Mass., Cambridge University Press, 2001, p. 117–118

uma história do livro." Porém, em seguida, diferencia radicalmente seu projeto de todo interesse pelas formas materiais dos suportes da escrita: "Eu não me interesso pelo aspecto físico do livro (sobretudo dos livros dos bibliófilos que são habitualmente excessivos), mas sim pelas diversas formas segundo as quais valorizou-se o livro."[19] Para Borges, os livros são objetos cujas particularidades não importam muito. O que conta é a forma em que o livro, seja qual for sua materialidade específica, foi considerado – e com frequência desconsiderado, em relação à palavra "alada y sagrada" — o que importa é a leitura, não o objeto lido: "O que é um livro se não o abrimos? É simplesmente um cubo de papel e couro com folhas; mas se o lemos acontece algo raro, creio que ele muda cada vez [...] A cada vez que lemos um livro, o livro se transforma, a conotação das palavras é outra."[20]

Temos um Borges "platônico", então, insensível à materialidade do texto. No entanto, no fragmento da autobiografia que ditou em inglês a Norman Thomas di Giovanni, o mesmo Borges evoca

---
19 Jorge Luis Borges. «El libro». In: *Borges oral*, Madri: Alianza Editorial, 1998, p. 10.
20 *Ibid.*, p. 22.

A morte do livro

seu encontro com um dos livros de sua vida, o Dom Quixote, e o que vem à sua memória é antes de tudo o objeto: "Eu ainda me lembro daquelas encadernações vermelhas com os títulos dourados da edição Garnier. Em algum momento, a biblioteca do meu pai se dispersou, e quando li Dom Quixote numa outra edição, tive a sensação de que não era o verdadeiro. Mais tarde, um amigo conseguiu para mim a edição Garnier, com as mesmas gravuras, as mesmas notas de rodapé e as mesmas erratas. Todas essas coisas para mim faziam parte do livro: este era para mim o verdadeiro Dom Quixote."[21]

Para sempre, a historia escrita por Cervantes será, para Borges, esse exemplar de uma das edições que os Garnier exportavam ao mundo de língua espanhola e que foi a leitura de um leitor ainda menino. O princípio platônico não prevalece sobre o retorno pragmático da lembrança.

Essa última constatação, que não separa o texto do "livro", mas aponta para um livro cuja forma é muito diferente das formas dos rolos de papiro da

---

21   Jorge Luis Borges, com Norman Thomas di Giovanni. *Autobiografia. 1899–1970*. Buenos Aires: El Ateneo, 1999, p. 26.

Antiguidade, ou dos livros xilográficos dos Chineses, nos conduz a refletir sobre os desafios lançados ao mundo dos livros, tal como os conhecemos depois do aparecimento do códex, pela revolução do texto digital.

O mais essencial se refere à ordem dos discursos. Na cultura impressa, tal como a conhecemos, essa ordem se estabelece a partir da relação entre tipos de suportes (o livro, o diário, a revista), categorias de textos e formas de leitura. Semelhante vinculação se enraíza na história de longa duração da cultura escrita e resulta da sedimentação de três inovações fundamentais: em primeiro lugar, entre os séculos II e IV, a difusão de um novo tipo de livro que é ainda o nosso, ou seja, o livro composto de folhas e páginas reunidas dentro de uma mesma encadernação, que chamamos *codex*, que substituiu os rolos da Antiguidade grega e romana; em segundo lugar, no final da Idade média, nos séculos XIV e XV, a aparição do "livro unitário", ou seja, a presença, dentro de um mesmo livro manuscrito, de obras compostas em língua vulgar por apenas um autor (Petrarca, Boccacio, Christine de Pisan[22]), enquanto que, antes, esta distinção caracterizava somente as autoridades canônicas antigas ou cristãs e as obras em latim, e, finalmente, no século XV, a invenção da imprensa, que segue sendo, até agora, a técnica mais utilizada para a produção dos livros. Somos herdeiros desta história, tanto na definição do livro como sendo, a um só tempo, um objeto material e uma obra intelectual ou estética identificada pelo nome de seu autor, quanto na percepção da cultura escrita fundada sobre distinções imediatamente visíveis entre seus suportes (cartas, documentos, diários, livros).

É esta ordem dos discursos o que muda profundamente com o advento da textualidade eletrônica. É agora um único aparelho, o computador, o que faz aparecerem, face ao leitor, as diversas classes de textos previamente distribuídas entre diferentes suportes. Todos os textos, seja do gênero que for, são lidos em um mesmo suporte (a tela iluminada) e sob as mesmas formas (geralmente aquelas decididas

---

22 Conhecida no mundo lusófono como Cristina de Pisano, a poetisa e filósofa italiana viveu na França durante a primeira metade do século XV. (N.T.)

pelo leitor). Cria-se, assim, uma continuidade que não diferencia mais os diversos discursos a partir de sua materialidade própria. Daí surge uma primeira inquietude, ou confusão dos leitores, que devem se defrontar com a desaparição dos critérios imediatos, visíveis, materiais, que lhes permitiam distinguir, classificar e hierarquizar os discursos.

Por outro lado, é a percepção da obra como obra, a que se torna mais difícil. A leitura face à tela é geralmente uma leitura descontínua, que busca, a partir de palavras-chaves ou rubricas temáticas, o fragmento textual do qual deseja apoderar-se (um artigo em um periódico, um capítulo em um livro, uma informação em um *web site*) sem que seja percebida a identidade e a coerência da totalidade textual que contém esse elemento. Em certo sentido, no mundo digital, todas as entidades textuais são como bancos de dados que procuram fragmentos cuja leitura não supõe de forma alguma a compreensão ou percepção das obras em sua identidade singular.

A originalidade e a importância da revolução digital obrigam o leitor contemporâneo a abandonar todas as heranças que o formaram, uma vez que a textualidade digital não utiliza mais a prensa, ignora o "livro unitário" e está alheia à materialidade do *codex*. É, ao mesmo tempo, uma revolução da modalidade técnica da reprodução do escrito, uma revolução da percepção das entidades textuais e uma revolução das estruturas e formas mais fundamentais dos suportes da cultura escrita. Daí, por sua vez, a inquietação dos leitores, que devem modificar seus hábitos e percepções, e a dificuldade de entender una mutação que lança um profundo desafio tanto às categorias que precisamos geralmente manejar para descrever a cultura escrita, quanto à identificação do livro, entendido como obra e objeto, cuja existência começou durante os primeiros séculos da era cristã e parece agora ameaçada no mundo dos textos eletrônicos.

"Fala-se do desaparecimento do livro; eu acredito que é impossível", declarou Borges, na sua conferência de 1978.[23] O escritor não falava da situação de seu país em que fazia dois anos que se queimavam livros e em que desapareciam escritores e edi-

---

23   Jorge Luis Borges. «El libro». In: *Borges oral. Op. cit.,* p. 21.

tores, assassinados. Mas seu diagnóstico expressava a confiança na sobrevivência do livro face aos novos meios de comunicação: o cinema, o CD, a televisão. Podemos manter esta certeza nos dias de hoje? Colocar essa questão talvez não designe adequadamente a realidade do nosso presente caracterizado por uma nova técnica e forma de inscrição, difusão e apropriação dos *textos*, já que as telas do presente não ignoram a cultura escrita, pelo contrário, a transmitem e a multiplicam.

Contudo, não sabemos muito bem como esta nova modalidade de leitura transforma a relação dos leitores com o escrito. Sabemos bem que a leitura do rolo na Antiguidade era uma leitura contínua, que movimentava o corpo inteiro, que não permitia ao leitor escrever enquanto lia. Sabemos bem que o *codex*, manuscrito ou impresso, permitiu gestos inéditos (folhear o livro, citar precisamente passagens, estabelecer índices) e favoreceu uma leitura fragmentada, mas que sempre percebia a totalidade da obra, identificada por sua própria materialidade.

Como caracterizar a leitura do texto eletrônico? Para compreendê-la, Antonio Rodriguez de las

Heras formulou duas observações que nos obrigam a abandonar as constatações espontâneas e os hábitos herdados. Em primeiro lugar, deve considerar-se que a tela não é uma página, mas um espaço de três dimensões, que tem profundidade e no qual os textos alcançam a superfície iluminada. Por conseguinte, no espaço digital, é o próprio texto, e não seu suporte, o que está dobrado. A leitura do texto eletrônico deve pensar-se, então, como desdobrando o texto ou, melhor dizendo, lidando com uma textualidade suave, flexível e infinita.

Semelhante leitura divide o texto sem necessariamente ater-se ao conteúdo de uma página, e compõe na tela ajustes textuais singulares e efêmeros. É essa leitura descontínua e segmentada que supõe e produz, segundo a expressão de Umberto Eco, uma *"alfabetizazione distratta"*, uma leitura rápida, fragmentada, que busca informações e não se detém na compreensão das obras em sua coerência e totalidade. Se essa leitura convém para as obras de natureza enciclopédica, que nunca foram lidas desde a primeira até a última página, parece inadequada face aos textos cuja apropriação supõe uma leitura contínua e atenta, uma familiaridade com a obra e uma percepção do texto como criação original e coerente.

A incerteza do porvir se remete fundamentalmente à capacidade que tem o texto desencadernado do mundo digital, de superar a tendência à fluidez que o caracteriza e, assim, de apoderar-se tanto dos livros que se leem como dos que se consultam. Remete-se também à capacidade da textualidade eletrônica de superar a discrepância que existe entre, por um lado, os critérios que, no mundo da cultura impressa, permitem organizar uma ordem dos discursos que distingue e hierarquiza os gêneros textuais e, por outro lado, uma prática de leitura face à tela que não conhece senão fragmentos recortados em uma continuidade textual única e infinita.

Será o texto eletrônico um novo livro de areia, cujo número de páginas era infinito, de tal forma que não podia ser lido e tão monstruoso que, como o livro de Próspero, em *The Tempest*, devia ser sepultado? Ou bem propõe uma nova forma de presença do escrito capaz de favorecer e enriquecer o diálogo que cada texto entabula com cada um de seus leitores? Não sei. Talvez ninguém o saiba. Os historiadores são os piores profetas do futuro. A única coisa que podem fazer é recordar que, na história de longa duração da cultura escrita, cada mutação (a aparição do *codex*, a invenção da imprensa, as revoluções da leitura) produziu uma coexistência original entre os antigos objetos e gestos, e as novas técnicas e práticas. É precisamente uma tal reorganização da cultura escrita que a revolução digital nos obriga a buscar.

Dentro da nova ordem dos discursos que se esboça, não me parece que o livro, nos dois sentidos que encontramos, irá morrer. Não vai morrer como discurso, como obra cuja existência não está atada a uma forma material particular. Os diálogos de Platão foram compostos, e lidos no mundo dos rolos, foram copiados e publicados em códices manuscritos e depois impressos, e hoje em dia podem ler-se na tela. Tampouco não vai morrer o livro como objeto porque este "cubo de papel com folhas", como dizia Borges, é ainda o suporte mais adequado aos hábitos e expectativas dos leitores que entabulam um diálogo intenso e profundo com as obras que lhes fazem pensar ou sonhar.

II

EDIÇÕES CIENTÍFICAS

Este texto foi apresentado no colóquio "L'édition en sciences humaines à l'ère numérique. Perspectives franco-brésiliennes" que teve lugar na Embaixada do Brasil, na França, no dia 12 de dezembro de 2014, promovido pelas Editions de l'École de Hautes Etudes en Sciences Sociales de Paris e pela Câmara Brasileira do Livro, organizado por Guiomar de Grammont, Anne Madelain e Agnès Belzebet. Seis anos depois, podemos perceber as transformações que aconteceram desde o evento. Sem dúvida, a porcentagem das compras de livros eletrônicos no mercado do livro não aumentou muito, mesmo durante a recente pandemia, mas é claro que os usos digitais se multiplicaram. A edição, na sua definição tradicional, ficou mais ou menos estável, mas mudou porque o mundo eletrônico mudou. Hoje, seria necessário levar em conta os dados dos últimos anos e, também, considerar a situação brasileira que encontraremos nos outros capítulos deste livro. As razões das dificuldades dos editores das ciências sociais permanecem: assim, a crise das livrarias e a rápida rotatividade dos livros propostos aos leitores, a exigência da rentabilidade a curto prazo e para cada título, a diminuição das compras de livros, ou, mais geralmente, o recuo do interesse sobre os saberes históricos, antropológicos ou sociológicos. Ao mesmo tempo, no mundo inteiro, o sucesso das feiras do livro ou dos festivais da literatura, a resistência das editoras prestigiosas (mesmo quando devem abandonar sua independência econômica) e, talvez, as inquietações sobre o futuro depois da catástrofe sanitária que vivemos, permitem pensar que as ciências sociais e seus editores desempenham e desempenharão um papel essencial para nosso entendimento do mundo.

Como historiador, queria começar esta reflexão recordando as três evoluções que caracterizaram a edição universitária no século XX.

As editoras universitárias no século XX

A primeira foi a multiplicação das editoras universitárias propriamente dita, dirigidas por um comitê editorial composto por acadêmicos e cujo financiamento estava assegurado (em proporções diferentes, segundo os casos) pelo orçamento da universidade, pela venda das publicações e subvenções públicas. Nos Estados Unidos, desde a segunda metade do século XIX, apareceram as editoras das universidades de Cornell (1869), Johns Hopkins (1878), Chicago (1891), Columbia e a Universidade de Califórnia (1893), seguidas por Princeton, em 1905. Com maior ou menor atraso, esse modelo foi imitado na Europa e na América latina. Na Espanha, 70% das editoras universitárias foram estabelecidas depois de 1973[24] e, na França, os anos entre 1971 e 1987 foram a idade de ouro das criações de editoras nas universidades.[25]

Um segundo tipo de editoras universitárias nasceu a partir de uma estreita relação entre a publicação de livros e uma comunidade intelectual que não se identificou com uma universidade. Foi o caso da *Fondo de Cultura Económica,* criada em 1934 para publicar os livros necessários para os estudantes (e

---

[24] Na Espanha, só duas editoras universitárias foram criadas antes de 1939 (Salamanca, no século XV e Valencia, em 1930), esse número aumentou para 14, entre 1939 e 1973 e 36, depois de 1973. Esses dados foram recolhidos pelo *Directorio 2007–2008,* Madrid: Unión de editoriales universitarias españolas, 2007.

[25] Benjamin Assié. *L'édition universitaire.* Villeurbanne: École Nationale Supérieure des Sciences de l'Information et des Bibliothèques, 2007, p. 41–43.

professores) e da *Escuela Nacional de Economia,* fundada no México nesse mesmo ano. Com o apoio do estado, que atuava como garantia pública para os bancos que respaldavam a *Fondo de Cultura Económica,* a nova editora desempenhou um papel fundamental para introduzir no mundo acadêmico de língua espanhola (particularmente graças à colaboração dos intelectuais espanhóis exilados depois da Guerra Civil) as obras essenciais da economia política, da história dos *Annales* e das ciências sociais.[26]

Semelhantes elementos se encontram na história das *Presses Universitaires de France.*[27] A editora foi fundada em 1921, com o estatuto de uma cooperativa cujo capital estava dividido entre 600 ações distribuídas entre empresas, associações, fundações e indivíduos: professores de universidades e colégios, professores de escolas primárias, empresários e engenheiros. Na lista dos assinantes figuram alguns dos

---

26 Víctor Díaz Arciniegas. *Historia de la casa Fondo de Cultura Económica.* México: Fondo de Cultura Económica, 1994, e Cristina Pacheco, *En el primer medio siglo del Fondo de Cultura Económica. Testimonios y conversaciones.* México: Fondo de Cultura Económica, 1984.
27 Valérie Tesnière. *Le Quadrige. Un siècle d'édition universitaire.* Paris: Presses Universitaires de France, 2001.

intelectuais mais destacados do tempo: Marc Bloch, Marcel Mauss, Gustave Lanson, Etienne Gilson, Charles Blondel, Marie Curie. No entanto, metade das ações foram compradas pelo Banco das cooperativas, que defendia um projeto inspirado pela ideologia da cooperação entre assinantes que aceitassem uma renda limitada de suas ações.

A editora reunia uma política editorial decidida pelos melhores especialistas em cada disciplina, imprimia os livros na sua própria tipografia e difundia os títulos na sua livraria (hoje desaparecida), na esquina da Praça da Sorbonne e do Boulevard Saint-Michel em Paris e nas livrarias que recebiam seus livros nas cidades da província. A hostilidade dos editores, preocupados pelos descontos consentidos pelas *Presses Universitaires de France*, e as dificuldades financeiras da cooperativa obrigaram a editora a aliar-se, em 1939, a três outras editoras cujos catálogos eram parecidos com o seu: *Alcan, Rieder* e *Leroux*. O primeiro resultado da fusão foi a criação, em 1941, da coleção *"Que Sais-Je?"* (ainda existente) que publicou cinqüenta títulos durante o primeiro ano de sua existência. O caráter "universitário" das

P.U.F., tanto em 1921, como em 1939, não era definido pela relação com uma universidade, mas sim, pela política editorial dedicada à publicação de obras de pesquisa e à divulgação dos saberes acadêmicos.

Uma terceira modalidade de publicação das obras de ciências humanas e sociais escapa à edição universitária. Esta é assegurada por editoras privadas que não se identificam com instituições acadêmicas. Neste caso, os livros de conhecimentos científicos são publicados por vários tipos de editoras: as que nasceram como editoras de manuais e materiais escolares, as que se especializaram neste setor da edição e as editoras de "literatura geral", que publicam também (ou sobretudo) obras de ficção e ensaios. Na França do século XX, *Armand Colin* pode ilustrar o primeiro caso, *Payot* e Aubier, o segundo, e *Gallimard, Seuil* e as *Editions de Minuit,* o terceiro.[28] Semelhante situação, que localiza a publicação das obras

---

28   Valérie Tesnière. «L'édition universitaire». In: *Histoire de l'édition française,* sob a direção de Roger Chartier et Henri-Jean Martin. Paris: Fayard/Cercle de la Librairie. Tome III. *Le temps des éditeurs. Du romantismo à la Belle Epoque,* 1990, p. 245–250, e «Traditions et forces neuves dans l'édition universitaire». In: *Histoire de l'édition française. Op. cit.* Tome IV. *Le livre concurrencé. 1900–1950,* 1991, p. 322–325.

mais inovadoras produzidas pelas ciências humanas e sociais nas atividades de editoras não acadêmicas, caracteriza os países da Europa. Encontra-se não só na França, mas também na Itália (com *Laterza* e *Mondadori*, fundadas, respectivamente, em 1901 e 1907, *Einaudi*, em 1933 e *Feltrinelli*, em 1954) ou na Espanha (com *Taurus*, fundada em 1954, *Alianza*, em 1966 ou *Cátedra*, *Crítica* e *Gedisa*, todas nascidas durante os anos 70). O caso das Américas é diferente, com a forte presença das editoras universitárias, tanto nos Estados Unidos, como no México ou no Brasil.

Compras e leituras

No presente, a edição de ciências humanas e sociais deve enfrentar três desafios. O primeiro se remete às mutações das relações com o livro. Os dados reunidos pelas pesquisas estatísticas que analisam as transformações das práticas culturais dos Franceses entre 1973 e 2008 observam, senão um recuo da porcentagem global dos leitores, pelo menos uma diminuição da porcentagem dos grandes compradores de livros e, particularmente, na faixa de idade entre

19 e 25 anos.[29] Esta diminuição das compras dos leitores que compravam muitos livros de história, de antropologia ou de sociologia (e que não eram todos professores) é um primeiro elemento da crise da edição.

As transformações das práticas dos estudantes acompanham essa diminuição. Suas compras de livros foram drasticamente reduzidas pelo desenvolvimento de outras possibilidades de leitura: por um lado, um incremento da freqüência das bibliotecas universitárias, que aumentou em mais de 70%, entre 1984 e 1990 e, por outro lado, o uso considerável das fotocópias, dos documentos datilografados e, hoje, dos recursos digitais. A consequência é que os estudantes, inclusive os que escolheram os cursos de Letras, não constituem mais bibliotecas, como mostra o sucesso do mercado de segunda mão dos livros

---

29   Olivier Donnat et Denis Cogneau. *Pratiques culturelles des Français 1973–1990*, Ministère de la Culture et de la Communication. Paris: La Découverte/La Documentation française, 1990, e François Dumontier, François de Singly et Claude Thélot. «La lecture moins attractive qu'il y a vingt ans», *Economie et statistique*, 233, 1990, p. 63–75. Cf. também Olivier Donnat. «La lecture régulière des livres: un recul ancien et général», *Le Débat*, n° 170, 2012, p. 42–51.

acadêmicos. Enfim, eles costumam repassar seus livros.[30]

As mesmas constatações sobre a "falta de hábitos de leitores" e a "cultura da fotocópia" dos estudantes e professores se encontram numa pesquisa dedicada às editoras universitárias da América latina, publicada em 2006. Os autores citam o ensaísta e poeta mexicano Gabriel Zaid para quem "o problema não está só nos milhões de pobres que não podem ter acesso aos livros, muitos deles analfabetos, mas nos milhões de universitários que podem ter acesso aos livros mas não leem (porém, sim, escrevem e desejam ser publicados)".[31]

Por último, as investigações sociológicas dedicada aos jovens que têm entre 15 e 19 anos registram não somente uma diminuição de suas práticas de leitura, senão também sua forte resistência para

---

30 *Les étudiants et la lectura*. Sous la direction d'Emmanuel Fraisse. Paris: Presses Universitaires de France, 1993 et Bernard Lahire avec la collaboration de Mathias Millet et Everest Pardell. *Les manières d'étudier. Enquête 1994*, Paris: La Documentation française, 1997.
31 Claudio Rama, Richard Uribe e Leandro de Sagastizabal. *Las editoriales universitarias en América Latina*, Caracas: IESALC, e Bogotá: CERLAC, 2006, p. 98.

apresentar-se como leitores, a tal ponto é desprezado o estatuto que atribuem ao livro.[32] Com certeza estes dados franceses deveriam ser atualizados, criticados e comparados com pesquisas feitas em outros países. Porém, me parecem indicar uma tendência geral que as observações mais recentes não contradizem.

Bibliotecas

Um segundo desafio lançado à edição de conhecimentos científicos resulta das obrigações que transformam a política de aquisição das bibliotecas. Cada um se lembra do inquietante diagnóstico apresentado por Robert Danton em 1999.[33] Enfatizava a diminuição das compras de livros de humanidades e ciências sociais pelas bibliotecas universitárias nos Estados Unidos, cujo orçamento se encontra devora-

---

32 François de Singly. *Les jeunes et la lectura*. Ministère de l'Education Nationale et de la Culture, Direction de l'évaluation et de la prospective. Les Dossiers Education et Formation. 24, janvier 1993, e Christian Baudelot, Marie Cartier et Christine Detrez. *Et pourtant ils lisent...*, Paris: Editions du Seuil, 1999.

33 Robert Darnton, «The New Age of the Book». *The New York Review of Books*. March 18, 1999, p. 5–7. Cf. Robert Darnton. *A questão dos livros, Passado, presente e futuro*. Tradução de Daniel Pellizzari. São Paulo: Companhia das Letras, 2010.

do pelos preços de assinatura das revistas científicas, que podem alcançar dez, quinze mil dólares, ou mais. Darnton mencionava no seu artigo como exemplos, *Brain Research,* publicado por *Elsevier* e o *Journal of Comparative Neurology,* publicado por *Wiley.* Seus preços de subscrição, em 2015, eram respectivamente 17.500 e 30.000 dólares.[34] As compras de revistas científicas (cujo preço não diminuiu de maneira alguma com sua publicação eletrônica) representam assim 70% ou 80% do orçamento dedicado às novas aquisições.

Sem a certeza das compras das bibliotecas, as editoras acadêmicas começaram a recusar a publicação dos textos considerados como muito especializados: teses de doutorado transformadas em livros, obras de erudição, publicações de documentos. Passaram a privilegiar os livros que podiam atrair um público mais amplo. Parece que esta evolução começou antes dos anos 90. Num divertido ensaio publicado em 1983, o mesmo Darnton recorda sua experiência como membro do comitê editorial da editora

---

34   Em 2020, as subscrições custam US$ 11 522 para *Brain Research* e US$ 44 8232 para *The Journal of Comparative Neurology.*

da Universidade de Princeton, entre 1978 e 1982. Se nesse tempo as editoras acadêmicas ainda aceitavam as monografias, já enfatizavam os temas da moda e os livros mais atrativos. Daí seu irônico conselho: "Se você tem de propor um livro, que seja sobre pássaros. Temos aceitado livros sobre pássaros de todos os cantos do mundo – Colômbia, África, Rússia, China, Austrália... Você não tem como perder, pelo menos em Princeton. Outras editoras acham outros temas irresistíveis. Você pode tentar as casas de campo, em Yale e a culinária, em Harvard".[35]

Na França, a diminuição das compras dos leitores foi mais decisiva que a transformação da política de aquisições das bibliotecas. Porém, o resultado em relação às editoras que publicavam livros acadê-

---

[35] Robert Darnton. «Publishing: A Survival Strategy for Academic Autors». (1983) In: Robert Darnton. *The Kiss of Lamourette. Reflections in Cultural History*. Nova York e Londres: W. W. Norton & Company, 1990, p. 94–103. Cf. Robert Darnton. «Publicação: uma estratégia de sobrevivência para autores acadêmicos». In: Darnton. *O Beijo de Lamourette: Mídia, cultura e revolução*. Tradução de Denise Bottmann. São Paulo: Companhia das Letras, 1990, p. 97–106.

micos foi o mesmo.[36] As estatísticas do *Syndicat national del'édition* sobre as vendas dos livros de ciências humanas e sociais mostram uma dupla diminuição durante a década de 1990: diminuição do número global de livros vendidos (18 milhões em 1988, 15 milhões em 1996); diminuição do número de exemplares vendidos para cada título (2.200 em 1980, 800 em 1997). A primeira resposta dos editores foi o aumento do número de títulos publicados (1.942, em 1988, 3.133 em 1996) para ampliar a oferta. A conseqüência foi o crescimento considerável do número de livros não vendidos e devolvidos às editoras. Daí, as outras escolhas dos editores: a redução drástica das tiragens, a recusa das obras muito especializadas, a reticência quanto às traduções.[37]

---

36 Hervé Renard y François Rouet. «L'économie du livre: de la croissance à la crise». In *L'édition française depuis 1945*, sob a direção de Pascal Fouché, Paris: Éditions du Cercle de la Librairie. 1998, p. 640–737 e Pierre Bourdieu. «Une révolution conservatrice dans l'édition». *Actes de la Recherche en Sciences Sociales*, 126–127, 1999, p. 3–28.
37 Bruno Auerbach. «*Publish and perish*. La définition légitime des sciences sociales au prisme du débat sur la crise de l'édition SHS». *Actes de la Recherche en Sciences Sociales*, 164, 2006, p. 74–92.

A edição digital

A edição eletrônica pareceu uma alternativa possível. Como sugeria Robert Darnton, ela pode permitir um novo tipo de livro, estruturado como uma série de estratos textuais: o argumento geral, os estudos particulares, os documentos, as referências, os materiais pedagógicos, os comentários dos leitores. Essa estrutura muda a lógica da argumentação, que pode tornar-se relacional e não apenas linear, assim como a recepção do leitor, que pode consultar os documentos (arquivos, imagens, música, palavras) que são o objeto ou os instrumentos do estudo. O livro digital transforma, assim, profundamente, as técnicas da prova mobilizada pelos discursos científicos (citações, notas, referências) porque o leitor pode, se o quer, controlar as interpretações do autor.[38]

---

[38] Para um exemplo das diferenças entre as formas, impressa e eletrônica, do «mesmo» artigo, cf. Robert Darnton. «An Early Information Society. News and Media in Eighteenth-Century Paris». *The American Historical Review*, Vol. 105, n° 1, February 2000, p. 1–35, e AHR webpage: www.historycooperative.org/ahr.

Semelhantes promessas supõem duas condições. Em primeiro lugar, devem ser diferenciadas a comunicação eletrônica, livre e gratuita, e a edição digital, que implica um controle científico, um trabalho editorial e o respeito à propriedade intelectual. Assim, podem ser protegidos, tanto os direitos econômicos e morais dos autores, como a remuneração do trabalho editorial. Dessa forma, pode reconstruir-se na textualidade digital uma hierarquia dos discursos que permite perceber, ou não, sua autoridade científica. Em segundo lugar, as publicações eletrônicas devem adquirir uma legitimidade intelectual comparável com o reconhecimento atribuído aos livros e artigos impressos. A criação de coleções de livros digitais[39] e o desenvolvimento dos usos científicos das possibilidades oferecidas pelas novas técnicas[40] indicam as mutações nas práticas acadêmicas.

---

39   Por exemplo, o projeto Electronic Publishing Initiative @ Columbia de Columbia University Press e a coleção «Gutenberg-e series of monographs in History».
40   Cf. *Filología e Informática. Nuevas tecnologías en los estudios filológicos*. José Manuel Blecua, Gloria Clavería, Carlos Sanchez and Joan Torruella. (eds.) Bellaterra: Editorial Milenio e Universitat Autónoma de Barcelona, 1999, e David Scott Kastan. *Shakespeare and the Book*, Cambridge: Cambridge University Press, 2001, Chapter Four, «From codex to computer; or, presence of mind», p. 111–136.

Não se deve esquecer, no entanto que, na França, os livros eletrônicos representam uma parte muito minoritária, não somente no mercado do livro em geral, senão também na edição acadêmica, tanto em 2013 quanto em 2001, como mostram dois estudos do Syndicat national de l'édition.[41] A situação é diferente nos Estados Unidos. Várias grandes bibliotecas gastam 20% de seu orçamento para comprar publicações eletrônicas. Em 2012, os livros digitais representavam 27% do mercado dos livros para adultos[42], e em 2014, 46% das editoras universitárias declararam que as vendas dos "e-books" constituíam entre 7 e 20% de seus ingressos (que eram de somente 27% em 2013).[43]

---

41 Syndicat national de l'édition, chiffres clés 2013, disponível em: www.sne.fr/enjeux/chiffres-cles-2013, e Marc Minon, *Edition universitaire et perspectives du numérique*, Etude réalisée par le Syndicat national de l'édition, 2002, disponível em: www.sne.fr/numerique

42 «Looking at US E-book Statistics and Trends», *Publishing Perspectives*, October 3, 2012, disponível em: publishingperspectives.com/2012/10.

43 *Digital Book Publishingin the AAUP. Survey Report: Spring 2014*, The Association of American University Press, disponível em: www.aaupnet.org/images/stories/data/2014digitalsurveyreport.pdf

Então, não devemos menosprezar a importância das mutações introduzidas pela textualidade digital. O caso das revistas científicas pode ilustrar um tempo no qual as bibliotecas modificam fundamentalmente a distribuição de suas assinaturas entre revistas impressas e revistas eletrônicas. Por exemplo, a biblioteca da *Drexel University* (uma universidade de tecnologia localizada em Filadélfia) comprava, em 1998, 1500 revistas impressas e 20 eletrônicas. Em 2001, as proporções são invertidas: 6 300 revistas eletrônicas, cujo custo era de 595 000 dólares, e 300 impressas (36 000 dólares).[44] John Thompson pode assim observar que "o campo das revistas científicas experimenta uma migração parcial, mas certa e irreversível, da publicação de seus conteúdos, da forma impressa para a forma on-line".[45]

A difusão em massa das revistas científicas em forma eletrônica coloca duas interrogações funda-

---

44   Carol Hansen. «Measuring the Impact of an Electronic Journal Collection on Library Costs. A Framework and Preliminary Observations», *D-Lib Magazine*, Vol. 6, Number 10, October 2000, disponível em: www.dlib.org.
45   John B. Thompson. *Merchants of Culture. The Publishing Business in Twenty-First Century*, Cambridge: Polity Press, 2010, p. 341.

mentais. Em primeiro lugar, a questão do acesso ao conhecimento. A batalha entre os pesquisadores que reclamam o acesso livre e gratuito aos artigos científicos, e as editoras de revistas científicas, que, como *Springer*, *Elsevier* ou *Wiley*, impõem preços de assinatura consideráveis e multiplicam os dispositivos para impedir a redistribuição eletrônica dos artigos, mostra a tensão entre duas lógicas que atravessam o mundo da textualidade digital: a lógica intelectual, herdada da Ilustração, que exige o acesso livre e compartilhado ao saber, e a lógica comercial, baseada nos conceitos de propriedade intelectual e mercado. Em 2001, 14.000 pesquisadores, principalmente no campo das ciências biológicas, assinaram uma petição internacional que exigia o acesso gratuito e imediato aos textos publicados nas revistas científicas.[46] Hoje em dia, a *Public Library of Science* publica sete "revistas" em biologia, genética e medicina que permitem um "*open access*" aos resultados científicos.[47]

---

46 *Libération*, 14–15/4/ 2001, p. 16–17.
47 As sete revistas são *PLOS One, Biology, Medicine, Computational Biology, Genetics, Neglected Tropical diseases*, disponível em: www.plos.org/publications/ journals.

Como resposta, algumas revistas das grandes editoras eletrônicas autorizam semelhante acesso livre a seus artigos, alguns meses depois da publicação. É o caso de *Molecular Biology of the Cell*, revista da *American Society for Cell Biology*, que abre esse "*open access*" dois meses depois da publicação de um artigo.

Segunda aposta: a transformação das práticas de leitura das revistas científicas. Enquanto na forma impressa cada artigo está colocado em uma contigüidade física, material, com todos os outros textos publicados no mesmo número; na forma eletrônica, os artigos se encontram e se leem a partir das arquiteturas lógicas que hierarquizam campos, temas e rubricas.[48] Na primeira leitura, a construção do sentido de cada texto particular depende, ainda que inconscientemente, de sua relação com os outros textos que o antecedem ou seguem, os quais foram reunidos dentro de um mesmo objeto impresso por uma intenção editorial imediatamente compreensível. A segunda

---

48   Geoffrey Nunberg. «The Place of Books in the Age of Electronic Reproduction» In: *Future Libraries*, Edited by R. Howard Bloch e Carla Hesse. Berkeley: University of California Press, 1993, p. 13–37.

leitura procede a partir de uma organização enciclopédica do saber que propõe ao leitor textos sem outro contexto senão o fato de que pertencem a uma mesma temática. No momento em que se discute a possibilidade ou mesmo a necessidade da digitalização das coleções das bibliotecas (particularmente de diários e revistas), esta observação faz lembrar que, por fundamental que seja esse projeto, nunca deve conduzir a relegar, ou, pior, a destruir os objetos impressos que transmitiram os textos a seus leitores.

Finalmente, o que está em jogo é a identidade mesma das revistas digitais. Cada um dos artigos pode ser lido de maneira independente, sem nenhuma relação com os outros artigos publicados na mesma revista ou no mesmo número. Contudo, é a sua reunião que torna visível o projeto intelectual da revista. Também desaparece no mundo digital a singularidade de cada revista, tanto nas bases de dados de revistas propostas pelas editoras, quanto no conjunto de revistas vendidas por assinatura aos "subscritores". Estes dispositivos conduzem a considerar os conteúdos das revistas como um banco de dados onde se apagam as identidades próprias das revistas e onde o contexto de cada artigo é fornecido pela sua temática e não pela sua relação com outros artigos dedicados a outros tópicos na mesma revista.[49]

E difícil prever o que será o futuro da edição dos livros de conhecimentos científicos. Em 2010, John Thompson escrevia que "prever o modelo da venda dos livros eletrônicos para os próximos três ou cinco anos é como tratar de prever o tempo com seis meses de antecedência".[50] Os editores se comprometam com as novas formas de publicação sem abandonar a edição dos livros impressos. Os leitores de livros científicos parecem preferir até agora o antigo objeto, mas, a cada dia, seus usos dos textos digitais se multiplicam.

Estabelece-se talvez uma distinção, cara a Umberto Eco, entre os livros que se leem e os livros que se consultam, os primeiros continuando impressos e os segundos, se tornando apenas eletrônicos. O que é certo é que uma nova cultura escrita se inventa a cada dia nas decisões, preferências e práticas dos autores, dos editores e dos leitores.

---

49   Judy Luther. *White Paper on Electronic Journal Usage Statistics.* Washington D.C., Council on Library and Information Resources, 2001, disponível em: www.clir.org
50   John Thompson. *Merchants of Culture. Op. cit.,* p. 318.

III

LIVRARIAS

Este capítulo foi lido no dia 28 de agosto de 2019 como conferência de abertura na 29ª Convenção Nacional de Livrarias organizada pela Associação Nacional de Livrarias, que antecedeu a XIX Bienal do Livro do Rio de Janeiro. Seu presidente, Bernardo Gurbanov, apresentou o encontro em relação com o contexto das transformações das livrarias: "Há um movimento de renovação. Fecharam muitas livrarias nos últimos anos, mas estão aparecendo outras novas". Minha contribuição explora as razões do contraste, enfatizando os desafios que as livrarias devem enfrentar no mundo do e-commerce, das redes sociais e das mutações das práticas dos leitores. Esta reflexão tem uma urgência mais dramática depois da epidemia do Covid-19, que fechou as livrarias no mundo inteiro e favoreceu as compras on-line. É mais necessário do que nunca recordar a importância fundamental das livrarias no tecido das instituições que constituem o espaço público. E também convencer os poderes públicos e os compradores de

Um mundo sem livros e sem livrarias?

livros de que são suas decisões que podem evitar a tristeza de um mundo sem livrarias.

Nossas reflexões sobre as livrarias e as leituras encontram necessariamente os dois temores contraditórios que obcecaram a primeira era moderna e que nos atormentam ainda mais fortemente hoje em dia: por um lado, o medo ante a proliferação indomável dos escritos, a multiplicação infinita dos textos, a desordem do discurso e, por outro, a ansiedade perante a perda, o apagamento, o esquecimento. Duradouramente, as livrarias foram um potente instrumento que, com outros, permitia organizar a circulação dos discursos, dominar "os poderes e perigos" de sua proliferação, como escreveu Foucault, ao mesmo tempo em que asseguravam a presença ativa, dinâmica, do patrimônio escrito. Mas hoje se encontram ameaçadas pelo risco do desaparecimento.

Desaparecimentos e melancolia

O magnífico livro de Jorge Carrión, *Librerías,* foi publicado por *Anagrama* em 2013. Foi traduzido em português, em Lisboa, por *Quetzal Editores,* em 2017, que definia a obra como "Uma história de paixão, comércio e melancolia" ao passo que a edição brasileira da Bazar do Tempo, no ano seguinte, colocou o subtítulo "Una história da leitura e de leitores".[51] "História da melancolia" teria sido um bom subtítulo. "Melancolia", ou mais exatamente "saudade", segundo a definição de Eduardo Agualusa: "saudade, é esse achar-se sozinho, longe de algo ou de alguém, e, todavia, perto através da lembrança e do coração".[52] É efetivamente este sentimento que atravessa o livro de Jorge Carrión, assombrado pelo desaparecimento ou o possível desaparecimento das livrarias que havia conhecido. Foi o caso, nos começos do ano 2013, na sua própria cidade, Barcelona, da livraria *Catalònia* substituída por um *McDonald*. Foi o caso de uma das três "melhores livrarias" de Paris, cujo desaparecimento Carrión profetizou em 2013 e aconteceu em fevereiro de 2015. Comprada pela cadeia

---

51 Jorge Carrión. *Librerías*. Barcelona: Editorial Anagram, 2013. Tradução em português: *Livrarias*. Lisboa: Quetzal Editores, 2017 e *Livrarias. Una história da leitura e dos leitores*. Rio de Janeiro: Bazar do Tempo, 2018.
52 José Eduardo Agualusa. «Sobre o intraduzível». *O Globo*, 15/6/2015, disponível no site da Monitoria de Estudos da Tradução, Universidade Federal Fluminense.

YellowKorner, reabriu como uma galeria dedicada às exposições de fotografias e quase sem livros.[53]

Em Paris, o caso da *La Hune* não é excepcional. Desde o ano 2000, 350 livrarias fecharam, ou seja, trinta por cento, com uma aceleração das desaparições a partir de 2007.[54] A abertura de uma nova livraria, *Ici*, em outubro de 2018, no Boulevard Poissonnière, foi saudada pelos periódicos como um evento raro, extraordinário, e isso, tanto mais porque se colocava no lugar de uma loja de roupas para crianças, quando freqüentemente costuma ocorrer o contrário.[55] Já em 1999 o cantor Alain Souchon denunciava na sua canção *Rive gauche*, dedicada aos bairros de Saint-Germain-des-Près e do Quartier Latin, "os comerciantes bárbaros / que vendem agora roupas nas livrarias" ("les marchands malappris / Viennent vendre leurs habits en librairie"). No Rio de Janei-

---

53   Emmanuelle Chaudieu. «Réouverture de La Hune: le coin librairie n'est plus la priorité de *YellowKorner*». *Télérama*, 19/11/2018.
54   Cassandre Dupuis. «Paris a perdu 83 librairies depuis 2011». *Le Figaro*, 13/03/2015.
55   «*Ici* : une nouvelle librairie ouvre à Paris dans une ancienne enseigne de vêtements!». *Le Figaro*, 08/10/208 e Denis Cosnard. «A Paris, une librairie défie le déclin du livre». *Le Monde*, 13/10/2018.

ro a situação parece comparável. Em julho de 2019, a *Livraria Camões* fechou e já haviam desaparecido as livrarias do Centro, como a *Cultura*, a *Arlequim*. A *Leonardo Da Vinci*, a livraria mítica de Vanna Piraccini e sua filha Milena, celebrada nos poemas de Carlos Drummond de Andrade, Márcio Catunda e Antonio Cicero, chegou a anunciar que fecharia as portas, mas felizmente logo reabriu sob nova direção.[56]

A saudosa melancolia frente às livrarias perdidas pode nascer também nas ruas e avenidas de Nova York. Em fevereiro de 2015, Francisco Azevedo publicou no jornal *O Globo*, artigo sobre o pesadelo que foi sua busca de livrarias nova-iorquinas que não existiam mais: *Barnes and Nobles* na Lincoln Square, *Coliseum Books, Rizzoli,* na Rua 57, *Brentano,* que virou uma loja de cosméticos, *Drama Bookshop*, transformada num restaurante *fast food*, e a lendá-

---

56 Quintino Gomes Freire. «Fecha Livraria Camões», *Diário de Rio de Janeiro*, 26/07/2019; «Livraria Saraiva e Cultura fecham maioria de suas lojas», *SP Jornal*, 24/12/2018; Mateus Campos e Mauricio Meireles, «"Inviável". Livraria Leonardo da Vinci anuncia fechamento», *O Globo*, 28/05/2015, e Euler de França Belém, «Símbolo do Rio civilizado, a Livraria Leonardo da Vinci vai fechar as portas», *Jornal Opção*, 28/05/2015.

ria *Gotham Book Mart,* substituída por uma joalheria. Como consolação, "a velha *Strand* continua de portas abertas, com seus '18 milhares de livros'. Paraíso. Quanta vida! Quanta gente curiosa! Diferentes credos, raças e nacionalidades reunidos em torno do saber!". Contudo Azevedo ficou com uma pergunta ansiosa: 'Como uma cidade sobrevive sem livrarias? Como consegue respirar?"[57]

Estatísticas

Daí, uma pergunta: essas observações saudosas sobre a fragilidade das livrarias são confirmadas pelos dados das pesquisas estatísticas? No caso da França, a pesquisa mais recente do *Centre National Du Livre, Les Français et la lecture* em 2019, mostra que a compra permanece como o modo dominante do acesso aos livros: 82% dos leitores compraram pelo menos um livro durante o ano anterior.[58] Suas respostas sobre os locais de suas compras evidenciam quatro fenômenos essenciais:

---

57   Francisco Azevedo. «Em busca das livrarias perdidas de Nova York», *O Globo*, 07/02/2015.
58   *Les Français et la lecture – 2019*. Preparado por Armelle Gérard et Julie Poncet. Paris: Centre National du Livre, 2019, disponível em: centrenationaldulivre.fr

1) As grandes cadeias culturais, tipo *FNAC*, são o lugar mais freqüente das compras (76% dos leitores),

2) As livrarias independentes, "*spécialisées*", são um lugar de compra para 31% dos leitores quando era o caso de apenas 18%, em 2015,

3) A compra on-line de livros impressos aumentou em 10%, entre 2015 e 2018: 48% dos leitores contra 38%,

4) A porcentagem de leitores que leem não só livros impressos, mas também livros digitais, ficou estável entre 2017 e 2019 com 24%.

Os dados do *Observatoire de l'économie du livre* para 2017–2018, que registram os segmentos de mercado (e não as práticas múltiplas dos leitores), confirmam esses resultados, enfatizando tanto a importância dominante das grandes cadeias, culturais ou não, com 34,5% das vendas, como a situação minoritária das livrarias, quaisquer que sejam, com 22% das vendas, e também a estabilidade das vendas pela Internet (21% em 2019, 20% em 2017).[59]

---

59   *Chiffres-clés du secteur du livre 2017–2018*. Ministère de la Culture, Service du livre et de la lecture. Observatoire de l'économie du livre, 2019, disponível em: culture.gouv.fr

Um mundo sem livros e sem livrarias?

A comparação dos dados franceses com os resultados publicados em 2016, na quarta edição dos *Retratos da leitura no Brasil,* do Instituto Pró-Livro mostra diferenças e semelhanças.[60] Primeira diferença: o modo dominante de acesso ao livro no Brasil não é a compra. Se 43% dos livros lidos foram comprados nas lojas ou pela Internet, o total dos livros emprestados por amigos ou alguém da família, por bibliotecas da escola ou por bibliotecas públicas ou comunitárias ou por outros locais representam 51% dos livros lidos. Segunda diferença: os compradores brasileiros compram geralmente os livros numa livraria (44%) e os concorrentes das livrarias não são os supermercados ou as grandes cadeias (7%), mas as bancas de jornal (19%), as igrejas e os espaços religiosos (9%) e os vendedores ambulantes (5%). Semelhança: uma porcentagem mais ou menos comparável dos compradores que compram livros pela Internet: 15% no Brasil, 21% na França. No Brasil, um fenômeno novo é a abertura, pelas editoras, de *websites* especiais para a venda direita, particular-

---

60 *Retratos da leitura no Brasil* 4, Zoara Failla. (Org.) Instituto Pró-Livro/ Rio de Janeiro: Sextante, 2016, p. 276 e p. 271, disponível em: prolivro.org.br

mente de livros didáticos, e com um desconto igual ao oferecido às livrarias. Como observa Bernardo Gurbanov, numa entrevista concedida a *Deutsche Welle*, em janeiro de 2019: "Uma das consequências perversas desse modelo é que o livreiro perde seu cliente para seu próprio fornecedor".[61]

Compras on-line

Podemos então considerar que as dificuldades encontradas pelas livrarias independentes se devem à concorrência da Internet e, particularmente, da *Amazon*? É o que afirma o manifesto de Jorge Carrión, *Contra Amazon: siete razones*, traduzido em português por Reginaldo Pujol Filho para a *Folha de São Paulo*.[62] O primeiro parágrafo estabelece a relação entre a expansão da *Amazon* e o desaparecimento das livrarias e das editoras: "Durante 55 anos, esse edifício, um dos poucos exemplos da arquitetura industrial moderna de Barcelona, foi a sede da editora *Gustavo Gili*. Agora, após uma restauração que cus-

---

61   João Soares. «As livrarias estão desaparecendo do Brasil». *DW*, 31/01/2019.
62   Jorge Carrión. *Contra Amazon*. Barcelona: Galaxia Gutenberg, 2019, p. 13–21, e «Contra a Amazon: razões para não gostar da gigante americana». *Folha de São Paulo*, 14/04/2018.

tou muitos milhões de euros, ele se transformou na central das operações da *Amazon* na cidade. Graças a toda essa tecnologia da eficiência e da imediatez que o prédio agora abriga, Barcelona já é uma das 45 cidades do mundo em que a empresa garante a entrega de seus produtos em uma hora". O requisitório é brutal, denunciando tanto a apropriação ilegítima do prestigio literário por uma empresa que não é uma livraria nem uma biblioteca, mas um hipermercado que vende muitas mercadorias que não são livros, quanto a tirania dos algoritmos que transformam os trabalhadores humanos em robôs e os leitores em séries de dados, desvelando o perfil do seu cérebro e do seu coração. Frente a semelhante perigo, uma "resistência mínima é necessária". Seu primeiro gesto é comprar todos os livros que não estão fora do catálogo "em livrarias físicas, independentes e de confiança".

O manifesto de Jorge Carrión designa com agudeza e ansiedade os perigos que ameaçam nosso presente digital. Contudo sugere duas interrogações. Em primeiro lugar, devemos considerar o aumento das compras de livros on-line como a razão única ou essencial dos desaparecimentos ou dificuldades das livrarias? No caso francês, a inflação dos aluguéis dos prédios localizados no centro das cidades é uma razão frequentemente mencionada como um problema fundamental. Uma prova em contrário é a abertura da nova livraria *Ici*, em Paris, instalada num prédio cujo proprietário é a Prefeitura, que lhe concedeu um aluguel moderado.

Em segundo lugar, é possível pensar que a resistência ou ainda, em alguns países, a ressurgência das livrarias independentes é, paradoxalmente, uma consequência do crescimento das compras on-line e da *Amazon*, o que sugere o caso dos Estados Unidos. A diminuição drástica do número de livrarias independentes aconteceu entre 1990 e 2000, com o desaparecimento de quase a metade delas. Nessa década, a razão não era o comércio eletrônico, mas concorrência das grandes cadeias, *Borders* e *Barnes and Nobles*. Hoje em dia, *Borders* fechou e *Barnes and Nobles* se encontra ameaçada pela falência, ao passo que o número das livrarias independentes aumentou de forma espetacular durante os últimos anos. Segundo a *American Booksellers Association*, entre 2009 e 2018, o número dessas livrarias cresceu 40%. Essa ressurgência foi celebrada pelo Quinto *Independent Bookstore Day*, no dia 27 de abril de 2019. Focalizado sobre as relações entre as livrarias locais e as comunidades de moradores, o evento encontrou uma ressonância nacional graças ao canal de televisão pública *C-SPAN 2*, que dedicou um programa às visitas de algumas das mais atrativas livrarias independentes.[63]

A situação na Europa não apresenta uma evolução semelhante. No caso da França, não se nota uma ressurgência das livrarias independentes. Pelo contrário, diminuíram regularmente desde os anos noventa: 32% em 1994, 27% em 2004, 22% em 2018. Nos países da América Latina, o último documento do CERLALC, publicado em 2019, *En defensa de las librerías,* vincula as razões da "crise" das livrarias com as transformações no mundo digital, das práticas de leitura, das formas de circulação e acesso aos livros, dos modos de aquisição dos bens e serviços e, mais

---

63 «Tours of Bookstores for Independent Bookstore Day». *C-Span*, 26/04/2019, disponível em: c-span.org

fundamentalmente, das relações interpessoais.[64] Daí a necessidade de situar a defesa das livrarias no contexto das mudanças do presente. O documento abre com a observação segundo a qual "a irrupção da Internet nas três últimas décadas, das redes ubíquas de comunicação digital e dos dispositivos portáteis modificaram profundamente nossa maneira de viver, nossas normas de consumo e atenção, nosso uso do tempo e nossas preferências e práticas culturais".[65]

Leituras

Devemos, então, identificar essas transformações, começando com as práticas de leitura. Ao romper o antigo laço entre o texto e o objeto, entre cada discurso e sua materialidade própria, a revolução digital obriga a uma radical revisão dos gestos e das noções que associamos à escrita. Apesar da inércia do vocabulário, que procura domesticar a novidade denominando-a com palavras familiares — "página", "livro", "imprimir" —, os fragmentos de textos que

---

64 *En defensa de las librerías. Recomendaciones en matéria de políticas públicas, gremiales e individuales para el fortalecimento de las librerías en Iberoamérica*. Documento elaborado por Joaquín Rodríguez. Bogotá: Centro Regional para el Fomento del Libro en América Latina y el Caribe (CERLALC), 2019.
65 *Ibid.*, p. 11.

aparecem nas telas não são páginas, mas sim, composições singulares e efêmeras. E, contrariamente ao livro impresso, o "livro" eletrônico não se diferencia das outras produções da escrita pela evidência de sua forma material.

A descontinuidade existe inclusive nas aparentes continuidades. A leitura diante da tela é uma leitura descontínua, segmentada, ligada mais ao fragmento que à totalidade. Não seria talvez, por esse motivo, a herdeira direta das práticas permitidas e suscitadas pelo códex, ou seja, o livro composto de folhas e páginas reunidas dentro de uma mesma encadernação que substituiu entre os séculos II e IV os rolos da antiguidade grega e romana, e que ainda é nosso livro? É o códex, manuscrito e depois impresso, que convida a folhear os textos, apoiando-se ou não em seus índices. É o códex que convidou a comparar diferentes passagens do mesmo livro, como queria a leitura tipológica da Bíblia, ou a extrair e copiar citações e frases, assim como exigia a técnica humanista dos lugares comuns. Contudo, a similitude morfológica não deve levar ao engano. A descontinuidade e a fragmentação da leitura não têm o mesmo sentido quando estão acompanhadas da percepção da totalidade textual contida no objeto escrito, tal como a propõe a materialidade do códex, e quando a superfície luminosa da tela onde aparecem os fragmentos textuais não deixa ver imediatamente os limites e a coerência do corpus (livro, número de revista ou número de periódico) de onde são extraídos.

A descontextualização dos fragmentos e a continuidade textual que não diferencia mais os diversos discursos a partir de sua materialidade própria parecem contraditórias com os procedimentos tradicionais da leitura, que supõem tanto a compreensão imediata, graças à sua forma de publicação, do tipo de conhecimento ou prazer que o leitor pode esperar de um texto, como a percepção das obras como obras, ou seja, em sua identidade, totalidade e coerência.

É a razão pela qual não devemos menosprezar a originalidade do nosso presente: as diferentes revoluções da cultura escrita, que no passado foram separadas, se apresentam hoje simultaneamente. A revolução do texto eletrônico é, ao mesmo tempo, uma revolução da técnica de produção e reprodução dos textos, uma revolução da materialidade e da forma de seu suporte e uma revolução das práticas de leitura. Substitui a proximidade física que vincula os vários textos copiados ou impressos em um mesmo livro (ou uma revista ou um periódico), por sua distribuição nas arquiteturas lógicas que governam os bancos de dados, as coleções digitais ou as publicações eletrônicas. Por outro lado, o mundo digital desata o laço visível que une o texto e o objeto que o transmite e dá ao leitor, e não ao autor ou editor, o domínio sobre a forma e o formato das unidades textuais que quer ler. Assim, é todo o sistema de percepção e de uso dos textos que se encontra transformado.

Uma das transformações mais importantes das práticas de leitura é a leitura acelerada. As investigações sociológicas mostram que a leitura dos textos eletrônicos, quaisquer que sejam, é uma leitura apressada, que busca só informações ou que deseja chegar o mais rápido que possível à conclusão da análise ou ao desenlace da narração. A lógica de aceleração⁶⁶ caracteriza particularmente a relação dos *"digital natives"* com todos os objetos culturais, não só os livros, mais também as séries e filmes, vistos em redobrada velocidade, ou ainda as faixas de música reduzidas a um minuto. Esses usos impacientes se encontram associados com a falta de questionamento sobre a veracidade dos conteúdos transmitidos. Desafiam as operações mais lentas do conhecimento crítico necessário para a compreensão tanto do presente como do passado.

Cultura escrita e mundo digital

O futuro das livrarias se localiza nessa mutação da ordem dos discursos. As tensões e questões fundamentais do presente se vinculam com a descontinuidade entre o mundo digital e a cultura escrita nas suas formas herdadas. Como manter o conceito de propriedade literária, definido desde o século XVIII a partir de uma identidade perpétua das obras, iden-

---

66   Hartmut Rosa. *Aceleração. A transformação das estruturas temporais na Modernidade.* (2005) Tradução de Radael H. Silveira. São Paulo: Editora UNESP, 2019 e João Lucas Faco Tziminadis. «Modernidade dessincronizada: aceleração social, destemporalização e alienação: uma entrevista com Hartmut Rosa». *Revista Estudos de Sociologia*, volume 22, número 43, 2017, p. 365–383.

tificável e reconhecível qualquer que seja sua forma de publicação, em um mundo onde os textos são possivelmente móveis, maleáveis, abertos? Como reconhecer uma ordem do discurso que foi sempre uma ordem dos livros ou, para dizer melhor, uma ordem da escrita que associa estreitamente autoridade do saber e forma de publicação, quando as possibilidades técnicas permitem colocar em circulação imediata e universal, opiniões e conhecimentos, mas também erros, falsificações e "verdades alternativas"? Como preservar maneiras de ler que constroem a significação a partir da coexistência de textos em um mesmo objeto (um livro, uma revista, um periódico) enquanto o novo modo de conservação e transmissão dos escritos impõe à leitura uma lógica analítica e enciclopédica onde cada texto não tem outro contexto além daquele proveniente de seu pertencimento a uma mesma temática?

Por um lado, o mundo editorial se esforça para manter, na nova técnica de publicação e recepção dos textos, os critérios que, a partir do século XVIII, definiram o que é um "livro" em referência à individualização da escrita, à identidade sempre reconhecível da obra e à propriedade literária de seu autor. As edições digitais dos textos que já tem uma longa história impressa exemplificam este esforço que submete o mundo digital às formas e aos conceitos dos quais se poderia libertar com textos que são, ao mesmo tempo, palimpsestos e polifonia. Por outro lado, a inventividade dos criadores aproveita as possibilidades digitais para propor gêneros, objetos, criações irredutíveis na forma impressa.

A aposta não é sem importância, pois pode levar tanto à introdução, na textualidade eletrônica, de alguns dispositivos capazes de perpetuar os critérios clássicos de identificação das obras como tais, na sua identidade e propriedade, quanto ao abandono dessas categorias para inventar uma nova maneira de compor produções textuais que exploram uma "plurimidialidade" mais rica que a simples relação entre texto e imagens e que localizam o leitor numa posição que lhe permite escolhas ou participação no processo criativo.[67] Na primeira hipótese, o desaparecimento do livro como objeto material não significaria

---

67   Marisa Lajolo e Regina Zilberman. *Literatura infantil brasileira. Uma nova outra história*. Prefácio Roger Chartier, Curitiba: PUCPress e FTD, 2017.

seu desaparecimento como modalidade de discurso, que supõe a percepção e compreensão da coerência e totalidade da obra; a segunda hipótese, ao contrário, desenha uma nova ordem do discurso na qual o leitor produz, corta, desloca, associa ou reconstrói unidades textuais breves, móveis e maleáveis.

O universo dos livros, das leituras, das livrarias e bibliotecas não pode separar-se de uma inovação ainda mais radical do mundo digital. De fato, o mundo digital é muito mais que uma nova técnica de composição, transmissão e apropriação da escrita ou das imagens. Certamente, permite a digitalização dos textos previamente impressos, a produção de textos nascidos como digitais e práticas de escrita e leitura inéditas, tais como as das redes sociais. Porém, produz, sobretudo, a transformação das categorias mais fundamentais da experiência humana, por exemplo as noções de amizade, multiplicada até o infinito, de identidade, escondida ou pluralizada, de privacidade, ocultada ou exibida.[68] Permite a invenção de novas formas de cidadania, mas também constitui um po-

---

68   Milad Doueihi. *La Grande conversion numérique*. Paris: Seuil, 2008, e *Pour un humanisme numérique*, 2012.

deroso instrumento de manipulação, de controle e de censura.

A digitalização de todas as práticas e relações sociais (entre os indivíduos, com o mercado, ou com as instituições) impõe uma ubiquidade da escrita e da leitura sobre as mesmas telas (do computador, do tablete tátil, do smartphone) e nas mesmas formas discursivas breves, segmentadas, maleáveis. Ainda se até agora o livro manteve sua presença como objeto predominante no mercado editorial e como tipo de discurso na edição digital, devemos considerar que as práticas quotidianas, multiplicadas, incessantes, aceleradas, da escrita e da leitura se afastam e nos afastam radicalmente do livro na sua dupla natureza, material e textual.

Situando o futuro das livrarias nessas transformações conectadas, o documento do CERLALC afirma: "Salvar as livrarias das mudanças dos hábitos de leitura, das relações entre as pessoas e da aquisição de bens e serviços não pode fazer-se somente graças a um simples conjunto de medidas legais".[69] Podem ajudar, como o mostraram as legis-

---

69   *En defensa de las librerías. Op. cit.,* p. 48.

lações de vários países estabelecendo o preço fixo do livro. Mas não bastam. O mais fundamental é convencer, tanto os poderes públicos, como as instituições e os leitores, de que as livrarias cumprem tarefas, satisfazem necessidades e desempenham papéis que não poderiam ser assumidos pela comunicação digital. As várias formas de inscrição, publicação e apropriação dos escritos não são equivalentes e, por consequência, uma nunca pode ou deve substituir-se à outra. Assim, as coleções digitalizadas não são equivalentes aos livros impressos das bibliotecas, os periódicos eletrônicos também não se equiparam à sua edição sob papel, ou a compra de livros *"on-line"* não pode substituir as livrarias. É a percepção imediata, evidente mas enganosa, da equivalência, o que pode explicar as contradições entre a resistência do livro impresso no mercado editorial e a crise de todas as instituições da cultura impressa: a crise dos jornais e das revistas que abandonam sua edição impressa, a crise das bibliotecas, que têm a tentação de relegar suas coleções impressas a depósitos fora de seu prédio, a crise das livrarias que desaparecem ou sofrem com essas transformações.

Passagens e encontros

A recusa da ideia da equivalência se remete à diferença entre a lógica que governa a cultura impressa e a lógica própria do mundo digital. A primeira é espacial, topográfica, cartográfica. As páginas de um livro ou de um periódico, as estantes de uma biblioteca, os espaços de uma livraria são territórios que o leitor percorre. Ele (ou ela) é um viajante, um peregrino, um caçador furtivo, segundo a expressão de Michel de Certeau. No seu livro, *A invenção do cotidiano*, a metáfora é onipresente: "Ler é peregrinar por um sistema imposto (o do texto), análogo à ordem construída de uma cidade ou de um supermercado" ou "Longe de serem escritores, fundadores de um lugar próprio, herdeiros dos servos de antigamente, mas agora trabalhando no solo da linguagem, cavadores de poços e construtores de casas, os leitores são viajantes; circulam nas terras alheias, nômades caçando por conta própria através dos campos que não escreveram, arrebatando os bens do Egito para usufruí-los".[70]

Tal como o texto, a livraria é um "território" onde o leitor circula, descobre, caça (mas não furtivamente ou ilegalmente...). É a razão pela qual a primeira definição da livraria no livro de Jorge Carrión é a de "uma passagem — uma simples passagem — que deve atravessar-se para mudar de topografia e portanto, de toponímia e de tempo". A esta viagem que permite encontrar o que não era buscado se opõe a lógica algorítmica do mundo digital, que procede a partir de uma hierarquia de campos, temas, tópicos, rubricas e palavras-chaves e que propõe textos cujo único contexto é o de sua pertença a uma mesma temática. Num momento em que as bibliotecas digitalizam suas coleções (particularmente de diários e revistas), semelhante observação lembra que, por fundamental que seja este projeto, nunca deve conduzir ao abandono, ou, pior, à destruição dos objetos impressos que transmitiram (e ainda transmitem) os

---

70   Michel de Certeau, *A invenção do cotidiano. Artes de fazer.* (1980) Tradução de Ephraim Ferreira Alves, Petrópolis: Editora Vozes, 1994, Nova edição, estabelecida e apresentada por Luce Giard, 2012, p. 240 et p. 245.

textos a seus leitores. No tempo em que a *Amazon* aparece como uma "livraria universal", semelhante observação enfatiza a diferença entre, por um lado, os prazeres e surpresas das viagens nas várias províncias de uma livraria e, por outro, as buscas na organização temática das páginas web (que, além disso, não são páginas...).

Como lugar de encontro (entre livreiros e livros, entre livros e leitores, entre leitores e livreiros ou outros leitores), a livraria pode reconstituir em torno do livro e da cultura escrita as sociabilidades e os intercâmbios que temos perdido. A história da leitura ensina que a leitura se transformou numa prática silenciosa, solitária, que apagou os momentos compartilhados em torno das leituras coletivas: as reuniões familiares, as assembleias amistosas e literárias, os compromissos militantes. Num mundo no qual a leitura se identifica com uma relação pessoal, íntima, privada, com o livro, ou com a conversação sem presença física da internet, as livrarias multiplicam as circunstâncias para que os leitores se encontrem em torno do patrimônio escrito, da criação intelectual, das experiências estéticas. São uma instituição fundamental no espaço público de que necessitam nossas sociedades.

Longa e rica é a história das livrarias que foram lugares de resistência contra um poder tirânico, desde a Espanha de Franco até a Buenos Aires da ditadura militar. Hoje em dia, em nosso tempo de reescritas falsificadas da história, de falsas "verdades", do crédito outorgado às teorias mais absurdas, as livrarias são um instrumento essencial de acesso aos saberes críticos. Num tempo no qual, em muitos países, é a noção mesma de verdade que se encontra desafiada, ameaçada, descartada, as livrarias mantêm o vínculo antigo que ligou a verdade e a democracia, o conhecimento e a deliberação, a circulação dos escritos e o uso público e crítico da razão.

O mundo digital dá uma forma paroxística à tensão presente desde a Biblioteca de Alexandria, entre o medo da perda e o temor do excesso e da desordem dos discursos. Hoje em dia, as possibilidades digitais prometem o arquivo total, a conservação sem falta, uma memória sem limites e, ao mesmo tempo, produzem o desassossego frente à impossibilidade de domar e organizar a superabundância dos textos e das informações. Estabelecendo uma ordem dos livros, as livrarias (pelo menos as que são bem ordenadas), ajudam os leitores perdidos na proliferação da escrita. O livreiro leitor (e algumas vezes também escritor) é seu primeiro guia, e a livraria, a primeira instância de prescrição.

Descobrir e folhear as novidades, escutar os conselhos do livreiro, conversar com um amigo sobre os livros: tais são os prazeres que se esperam de uma livraria. Pierre Corneille os representou na sua comédia *La Galerie du Palais*, impressa em 1637. A comédia situa quatro cenas do primeiro ato numa livraria localizada nas galerias do *Parlement de Paris* e especializada em novidades literárias. O diálogo entre o livreiro e o jovem nobre Dorimant começa assim: "O senhor gostaria de ver alguns livros recentes? Eis os que estão na moda". Dorimant recusa estes livros escritos por autores dos quais não gosta, quando chega na livraria seu amigo Lysandre. Os dois jovens nobres começam uma conversa sobre os gêneros que estão na moda, particularmente as obras teatrais. Finalmente, depois de outras propostas do livreiro ("Gostaria de ver as obras de eloquência?"), depois da leitura dos títulos de alguns livros folheados, Dorimant escolhe três livros que seus criados pagarão mais tarde.[71]

Restringida aos meios aristocráticos no tempo de Corneille, a sociabilidade amena da livraria pode hoje estender-se a todos. Cada um de nós se lembra das livrarias onde encontrou livros que não buscava e que transformaram sua existência. Cada um de nós se lembra dos livreiros atentos que foram seus guias na floresta dos títulos, convertida, graças a eles, num jardim de várias flores (para retomar uma metáfora do Século de Ouro). Essas lembranças não devem transformar-se em nostalgia de um passado desaparecido. Pelo contrário, fortalecem a defesa das livrarias.

Numa conferência pronunciada na *Scuola per Librai,* de Veneza, em 1998, Umberto Eco imaginou a livraria ideal: "Nas minhas utopias fica uma livraria que assume o risco de contar a história do livro, que, quando entro, me mostra os últimos livros que che-

---

71   Pierre Corneille. *La Galerie du Palais ou l'Amie Rivale*, em Corneille, *Œuvres complètes*, I, Textes établies, présentés et annotés par George Couton. Paris: Gallimard, Bibliothèque de la Péiade, 1980, Ato I, cenas 4–7, p. 308–314.

garam e que, quando avanço, apresenta-me as obras que sobreviveram durante os últimos cinco anos, depois aquelas que sobreviveram durante os últimos cinquenta anos, e finalmente, numa pequena e preciosa sala no fundo da livraria, aquelas que sobreviveram durante dois mil anos. Uma livraria que, no momento em que a visito, me conta a história dos livros, da memória que se fundiu a eles, da maneira em que viveram e sobreviveram".[72] Com certeza, não pode cada livraria encarnar a utopia de Umberto Eco. Como sabemos, raramente o mundo se conforma totalmente às nossas utopias. As realidades econômicas sempre delimitam as condições e os limites do que é possível. Contudo, é a força das lembranças, dos sonhos, das utopias que pode, e deve inspirar as decisões institucionais, as ações coletivas e as condutas individuais que nos evitarão a infinita tristeza de um mundo sem livrarias.

---

72   Umberto Eco. *I libri antecipano l'eternità*. Scuola Librai. Umberto e Elisabetta Mauri, 2017.

IV

AUTOEDIÇÃO

Apresentei este texto no dia 9 de setembro de 2019, na Universidade Santa Úrsula, na ocasião de um encontro organizado pelo Núcleo de Estratégias e Políticas Editoriais (NESPE), cujo título era "Autores escrevendo e publicando livros". Os progressos recentes da autopublicação no Brasil e no mundo inteiro obrigam a refletir sobre as transformações das práticas editoriais no mundo digital, ainda que se mantenha a preponderância dos livros impressos na edição de autor. O tema permite também medir as continuidades e rupturas entre as formas antigas dessa modalidade de publicação, existente desde a primeira idade moderna, entre os séculos XVI e XVIII, e suas novas possibilidades, tanto técnicas quanto estéticas, em nosso tempo de plataformas e distribuidores digitais. Permite essa prática a ressurreição do autor? A autopublicação pode ser pensada como um laboratório que permite a invenção de novas produções multimídia? Significa necessariamente a morte do editor? São essas questões que este ensaio discute numa perspectiva histórica.

A edição de autor tem uma longa história. Nos séculos da primeira idade moderna, entre Gutenberg e os começos do século XIX (esse período que podemos designar como um "antigo regime tipográfico"), seu mecanismo é sempre o mesmo: o "autor" (que pode ser um tradutor ou o editor de uma obra), conserva para ele mesmo a licença e o privilégio sobre o título publicado, encomenda e paga a impressão dos exemplares da edição e se encarrega de sua venda.

É o que fez o tradutor de um livro italiano, *Le bagatele*, encontrado por Dom Quixote no ateliê de imprensa que visita em Barcelona. Quando Dom Quixote lhe pergunta: "Mas vossa mercê me diga: este livro é impresso por sua conta ou já vendeu o privilégio a algum livreiro?", o tradutor responde com soberba: "Por minha conta o imprimo [...] e penso ganhar mil ducados, pelo menos, com esta primeira impressão, que há de ser de dois mil exemplares, e num abrir de olhos se hão de despachar a seis reais cada um". Cervantes sublinha, assim, a presunção do tradutor, dado que uma tiragem de dois mil exemplares é maior do que todas as tiragens enumeradas por Alonso Víctor de Paredes em seu *Insti-*

tución y Arte de la Imprenta, livro composto por volta de 1680, e é maior também do que a tiragem do próprio *Don Quijote* mesmo. A intenção do tradutor de *Le bagatele*, que não vendeu o privilégio de impressão a um livreiro, está bem clara: "Eu não imprimo meus livros para conseguir fama no mundo, pois nele já sou conhecido pelas minhas obras: é proveito o que quero, pois sem ele a boa fama não vale um tostão".[73]

Contudo, imprimir por conta própria no século XVII não era sem perigo. Nesta passagem Dom Quixote alerta o tradutor, tanto para a dificuldade de vender os dois mil exemplares do livro, como para a desonestidade dos impressores. Estão sempre prontos a falsificar seus livros de contabilidade, ocultando as verdadeiras tiragens das edições que lhes são encomendadas, se pensam que o livro possa ter sucesso. Podem assim vender cópias do livro antes de entregar os exemplares da edição ao autor. Cervantes utilizou também o tema na novela "El licenciado

---

73   Miguel de Cervantes. *O engenhoso Cavaleiro D. Quixote de La Mancha*. Tradução e notas de Sérgio Molina. São Paulo: Editora 34, 2010, Segundo Livro, p. 662–663.

Vidriera"[74], quando Tomás denuncia os impressores que enganam o autor "que imprime o livro por conta própria, porque, em vez de mil e quinhentas cópias, imprimem três mil, e enquanto o autor pensa que estão vendidas suas cópias, na realidade se mandam as do impressor".[75]

Edição de autor e "vanity publishing". Séculos XVII–XIX

Apesar da desconfiança em relação aos impressores, editar *"por su cuenta"* é uma prática frequente no Século de Ouro. Como mostra Fernando Bouza, numerosos são os autores que vendem livros na sua própria casa ou lugar de vida, um hospital ou uma escola. A venda dos exemplares pode ser também compartilhada com um livreiro. É, por exemplo, o caso do *Tratado de la execución,* de Pablo García Romeo, que se vendia em 1654 "em Zaragoza, em

---

74   Em português «O licenciado Vidraça», é um dos relatos que compõem as *Novelas Exemplares,* de Miguel de Cervantes, publicadas originalmente em 1613 por Juan de la Cuesta.

75   Miguel de Cervantes. *O licenciado Vidriera.* In: Cervantes, *Novelas exemplares,* Tradução de Darly Nicolanna Scornsienchi. São Paulo: Abril Cultural, 1970.

casa de Bartolomé Segura, comerciante de livros na Sombrerería, e no lugar de Cosuenda do Autor".[76]

A edição de autor encontrou sua idade de ouro na Paris da segunda metade do século XVIII e, particularmente após a legislação de 1777, que permitia aos autores vender diretamente os livros que publicavam por conta própria. O livro de Marie-Claude Felton, *Maîtres de leurs ouvrages*, publicado em 2014, mostra claramente que a edição "à compte d'auteur" não foi nem marginal nem própria de certos gêneros ou escritores, mas constituiu uma verdadeira alternativa à edição profissional.[77] Daí, sua importância, com oitocentos títulos entre 1750 e 1791; daí, sua normalidade: os autores que publicavam por conta própria não eram diferentes dos outros escritores. Como no caso do tradutor encontrado por Dom Quixote, esperavam um bom lucro de sua publicação. O

---

76   Fernando Bouza. "'Aun en lo material del papel y impresión'. Sobre la cultura escrita en el Siglo de Gracián". In: *Libros libres de Baltasar Gracián. Exposición bibliográfica*. Zaragoza: Gobierno de Aragón, 2001, p. 11–50 (citação p. 35).
77   Marie-Claude Felton.*Maîtres de leurs ouvrages. L'édition à compte d'auteur à Paris au XVIIIe siècle*. Oxford: Voltaire Foundation, 2014.

resultado nem sempre foi conforme às suas expectativas: podem-se encontrar grandes êxitos econômicos, impossíveis se o manuscrito tivesse sido cedido a um livreiro-editor, mas também são frequentes os fracassos e perdas financeiras.

Além da esperança de renda, a edição de autor na Paris do século XVIII expressa dois desejos dos escritores. O primeiro é a vontade de controlar a materialidade dos livros cuja forma tipográfica podem definir no trato direto com o impressor. O segundo é a afirmação da propriedade do autor sobre sua obra e da legítima remuneração do valor do trabalho intelectual. Com certeza, esta afirmação não é própria da edição de autor. Encontra-se também nas reivindicações dos autores que cedem seus manuscritos aos livreiros editores. Por exemplo, Fichte, num texto de 1793, denuncia a ilegitimidade das edições publicadas sem a autorização do autor. À dicotomia clássica das duas naturezas, corporal e espiritual, do livro, Fichte acrescenta uma segunda, que distingue em toda obra as ideias que ela exprime e a forma que lhes é dada pela escrita. A forma textual é a única — porém poderosa — justificativa de apropriação pessoal dos textos. A distinção conceitual construída por Fichte devia permitir a proteção dos editores contra as edições piratas, sem ferir em nada a propriedade soberana e permanente dos autores.[78]

No seu *Mémoire sur le commerce de la librairie*, Diderot localizava essa propriedade na mente e no coração do autor.[79] Então, a edição de autor poderia manifestar poderosamente esta propriedade do autor sobre suas obras. Mas Diderot sabe também por experiência as dificuldades e os perigos do empreendimento. Por um lado, os autores não podem ter confiança na honestidade dos livreiros com os quais tratam da venda de seus livros: "os correspondentes de província nos pilham impunemente; o comerciante da capital não está suficientemente interessado na venda de nossa obra para passá-la adiante. Se o

---

[78] Johann Gottlieb Fichte. «Beweis der Unrechtmässisgkeit der Büchernachdrucks. Ein Räsonnement und eine Parabel», *Berlinische Monatschrift*, Maio 1793, p. 443–482. Sobre este texto de Fichte, cf. Roger Chartier, *A mão do autor e a mente do editor*. Tradução de George Schlesinger. São Paulo: Editora Unesp, 2013, p. 141–142.
[79] Denis Diderot. *Carta sobre o comércio do livro*. Tradução de Bruno Feitler. Rio de Janeiro: Casa da Palavra, 2002, p. 67–68.

desconto que lhe é dado é grande, o lucro do autor se esvai". Por outro lado, a vida do homem de letras não combina com a atividade do comércio: "Manter livros de receita e despesa, responder, trocar, receber, enviar, que afazeres para um discípulo de Homero ou de Platão!"[80] Por isso, os autores não podem ser também livreiros. Devem tratar o melhor possível com os editores que publicarão seus livros. Contudo, alguns não se resignavam a aceitar essa dependência e tentavam a aventura da autoedição.

O exemplo mais espetacular do século XVIII é certamente a edição das obras de Shakespeare, na tradução em francês de Pierre Le Tourneur, publicada em 20 volumes entre 1776 e 1783.[81] Publicada no contexto da polêmica entre os admiradores franceses de Shakespeare e as violentas críticas de Voltaire, essa primeira tradução da totalidade das peças teatrais de Shakespeare associa uma edição de autor (nesse caso, três editores, incluindo o tradutor), uma subscrição e o patronato monárquico. Os três "autores" receberam o privilégio real no dia 8 de fevereiro

---

80 *Ibid.*, p. 72.
81 *Shakespeare. Traduit de l'Anglois*. Dédié au Roi, Paris, 20 volumes, 1776–1783.

de 1775, fizeram circular depois o *Prospectus* anunciando a subscrição e encomendaram ao impressor parisiense Clousier a impressão dos primeiros volumes publicados em 1776. Tanto a coleta das assinaturas dos subscritores, que se comprometiam a comprar os volumes à medida que fossem publicados, como a entrega dos volumes se faziam na casa de Le Tourneur, na rua Notre-Dame des Victoires, e nas livrarias dos livreiros com os quais ele tinha um acordo. O primeiro volume estava aberto pela "Epístola ao Rei" (o jovem Louis XVI), que era também o primeiro subscritor. O exemplo confirma que a edição "à compte d'auteur" não tinha nada de marginal no século XVIII: podia apoderar-se das obras mais canônicas e dirigir-se aos leitores mais prestigiosos.

Não era mais o caso no século XX. A edição de autor se tornou uma prática marginalizada, reservada aos livros que não podiam encontrar um editor comercial. A expressão inglesa *"vanity publishing"*, para designá-la, indica claramente este desprezo que vincula a vontade de publicar com uma orgulhosa vaidade. Um exemplo de uso da expressão em 1922, citado pelo *English Oxford Dictionary,* associa a edição por conta do autor com seu desejo de "tornar-se famoso aos seus próprios olhos e aos olhos de seus amigos".[82] Algumas empresas aproveitaram essa debilidade humana para transformar-se em poderosas "editoras" sem edição. A mais famosa na França foi *La Pensée universelle*, fundada em 1970 por Alain Moreau.[83] A editora publicava quatrocentos títulos cada ano, aceitava 98% dos manuscritos recebidos e cobrava entre 1.500 e 15.000 euros pelos seus serviços, limitados na verdade à impressão do livro e à promessa ilusória de sua promoção. Alain Moreau cessou as suas atividades em 1990.

A autoedição no mundo digital

No momento de considerar a autoedição no mundo digital uma questão surge. É possível pensar que a autoedição de hoje é herdeira da longa história da edição "à compte d'auteur" ou do *"vanity publishing"*? Ou, ao contrário, devemos enfatizar a

---

82   Timothy Laquintano. «The Legacy of the Vanity Press and Digital Transitions». *The Journal of Electronic Publishing*. Vol. 16, Issue 1, 2013, disponível em: quod.lib.umich.edu

83   Frédéric Chataignier. *Les Editions Alain Moreau et la Pensée Universelle. Un essai d'industrialisation du compte d'auteur dans les années 1970–1990*, 2007.

descontinuidade entre essas duas formas de autopublicação? Dois documentos publicados em 2018, *Radiografía de la autopublicación en América Latina*, e em 2019, *El espacio ibero-americano del libro*, permitem medir o crescimento da autopublicação a partir dos títulos registrados com um ISBN[84].

Tal registro, que faz do autor seu próprio editor, é uma primeira diferença em relação ao sistema no qual era a "editora" do "*compte d'auteur*" que registrava os títulos que imprimia. Em 2017, os autores-editores registraram na América latina 12% dos títulos com ISBN, ou seja, um aumento de 28% em relação ao ano de 2013. Um crescimento semelhante caracteriza o número de agentes ativos na autopublicação. Ainda que a porcentagem de títulos sobre suporte digital tenha aumentado em 35% desde 2013; em 2018, constituem somente 18% do total. 82% dos

---

84   *Radiografía de la autopublicación en América Latina*. Bogotá: Coordinación editorial: José Diego González, Centro Regional para el Fomento del Libro en América Latina y el Caribe (CERLALC), 2018, e *El espacio iberoamericano del libro 2018*, Investigación elaborada por José Diego González y Rüdiger Wischenbart, Bogotá, Centro Regional para el Fomento del Libro en América Latina y el Caribe (CERLALC), 2019.

livros autoeditados registrados são livros impressos, com uma tiragem média de mil exemplares. No Brasil, o suporte digital na autoedição fica um pouco acima da média, com 24%. Essas estatísticas não contemplam certamente o número de autopublicações, porque nem todos os títulos publicados pelos seus autores procuram um registro ISBN, seja porque são registrados pela plataforma digital onde o livro está situado, seja porque são vendidos pela *Amazon* ou outras plataformas que não exigem ISBN, ou seja, porque circulam nas redes sociais. Os autores dos documentos do CERLALC estimam que, provavelmente, 50% dos livros auto publicados não tenham ISBN.

Apesar da preponderância dos livros impressos em autopublicação na América latina, deve enfatizar-se que a entrada no mundo digital transformou profundamente o ecossistema editorial e particularmente a autopublicação. Em primeiro lugar, a nova técnica de composição e circulação dos textos fornece aos autores possibilidades desconhecidas anteriormente: assim, uma forma de edição sem nenhum custo, à diferença da edição "à compte d'auteur", um domínio do tempo da escrita e da publicação decidido pelo autor e não pela editora, ou a esperança de uma renda superior aos direitos de autor indicados nos contratos entre autor e editora. Segunda mutação: o deslocamento das instâncias de valorização dos textos e de consagração dos autores. As avaliações dos "*booktubers*" substituem as formas clássicas da crítica (por exemplo, as resenhas nos periódicos) ou o prestígio das editoras. Em terceiro lugar, a comunicação digital permite uma nova relação entre os autores e seus leitores graças às páginas web, os blogs ou as redes sociais. Essas possibilidades inéditas explicam o sucesso da autoedição no mundo inteiro: nos Estados Unidos aumentou 218%, entre 2011 e 2017, e no Brasil foi multiplicada por quatro entre 2007 e 2017. Devemos concluir que isso significa a morte dos editores e das editoras?

Talvez não, e por várias razões. A primeira remete ao papel das editoras na autoedição, tanto as editoras especializadas na autopublicação, como as editoras tradicionais. As primeiras propõem aos autores uma série de serviços para a revisão, diagramação e distribuição de seus livros; as segundas editam digitalmente livros que não querem incluir imediatamente no seu catálogo mas que parecem promissores. É assim que a *Penguin Random House* desenvolveu a plataforma *"Caligrama"*, que acolhe autores que, se tiverem sucesso digital, podem talvez tornar-se autores da editora. Ambas as situações são a modalidade contemporânea da edição de autor, que supõe uma contribuição financeira por parte dos autores. No caso da *"Caligrama"*, devem pagar entre quinhentos e três mil euros.

Contudo é claro que essa forma de autoedição que implica uma editora não é dominante. São as plataformas das "livrarias" e dos distribuidores digitais que asseguram o essencial da difusão dos livros autoeditados. Entre as primeiras, a *Amazon* foi pioneira com suas duas plataformas: *"Kindle Direct Publishing"* e *"Create Space"* (que permite a impressão sob demanda). A publicação não implica nenhum custo para os autores, que recebem até 70% dos produtos das vendas de seu livro. Apple, com *"iBook Author"*, e *Rakuten Kobo,* com sua plataforma *"Writing Life"*, seguem o mesmo padrão: propõem ferramentas gratuitas para diagramação dos livros (inclusive multimídia), e se encarregam da distribuição. Os distribuidores digitais (ou *"aggregators"*, em inglês) apresentam um outro modelo de difusão que centraliza a gestão da presença do livro autoeditado nas várias "livrarias" digitais. Nesse caso, o serviço tem um custo que deve ser assumido pelo autor. Essas plataformas foram multiplicadas nos últimos anos e as mais importantes na escala internacional são *Lulu, Smashwords, Draft2Digital, BookBaby, Publish Drive, IngramSpark, Readsy*, e na França *The BookEdition* (*Pronoun* foi fechada por *McMillan* em 2018). Não devemos esquecer a plataforma chinesa interativa *Qidian,* da empresa *China Literature,* dirigida aos leitores chineses on-line: em 2017, eram trezentos e trinta milhões. Os lucros da empresa permitiram a remuneração dos autores autoeditados que tiveram sucesso. *China Literature* espera tornar-se a plataforma mais importante na escala mundial graças à criação do *Qidian International,* que tem o projeto de publicação, na tradução em inglês, de oito milhões de textos literários chineses.

Uma última forma de produção e difusão dos livros autoeditados se localiza nas redes sociais, com a prática do *"crowdfunding"*, que supõe o financiamento prévio de um projeto editorial, ou o processo de criação coletiva e interativa dos textos permitido ou exigido pelas plataformas de escrita digital como *Wattpad* (quatro milhões de autores e setenta milhões de utilizadores hoje em dia) ou, para os autores em língua espanhola, *Escritor.com*.

A morte do editor?

Com as plataformas de autoedição parece desaparecer não só o papel do editor ou da editora no processo de publicação, mas também a prática mesma do *"editing"*, entendida como a revisão, a correção e a diagramação dos textos. Contudo, como recorda a pesquisa do Cerlalc, "a desintermediação que permitem as novas tecnologias não supõe de nenhuma maneira a eliminação da cadeia de tarefas que são características da produção tradicional"[85]: a diagramação, o desenho da capa, os aspectos legais, a distribuição, a comercialização, a promoção. Semelhantes

---

85 *Radiografía de la autopublicación en América Latina. Op. cit.*, p. 50.

exigências têm duas consequências. No mundo da publicação digital dos textos auto editados, pode ser reforçado o papel das empresas cujos serviços asseguram estas tarefas e contribuem para uma melhor qualidade dos livros. No mundo da edição impressa tradicional, as editoras podem ser incitadas a cuidar, propor e valorizar seu próprio trabalho de *"editing"*. O documento do CERLALC conclui: "o interesse pela autopublicação pode produzir um efeito positivo" sobre as editoras tradicionais "obrigadas a trabalhar com um nível mais elevado de revisão e seleção dos conteúdos, para que aqueles que publicam se distingam do resto".[86]

A autoedição digital pode também inventar novas formas discursivas. É o que acontece com os "livros" para crianças. Como mostram Marisa Lajolo e Regina Zilberman, a inventividade dos criadores de literatura infantil e juvenil propõe gêneros e objetos irredutíveis na forma impressa.[87] São, no cenário digital, "alternativas de criação". Não se limitam à in-

---

86   *Ibid.*, p. 52.
87   Marisa Lajolo e Regina Zilberman. *Literatura infantil brasileira. Uma nova outra história*, Prefácio Roger Chartier. Curitiba: PUCPress e FTD, 2017.

trodução, nos livros, dos gêneros próprios das redes sociais (e-mails, blogs, links), mas produzem criações que são "hibridismo de linguagens" ou "amálgamas de linguagens".

O *site* se substitui ao livro, a liberdade do leitor, que pode escolher entre várias opções narrativas, ao absolutismo do texto, e, muitas vezes, a gratuidade do acesso, ao comércio editorial. À distância da introdução, na textualidade eletrônica, de alguns dispositivos capazes de perpetuar os critérios clássicos de identificação de obras como tal, na sua identidade e propriedade, essas criações inventam uma nova maneira de compor produções textuais e estéticas que exploram uma "plurimidialidade" mais rica que a simples relação entre texto e imagens e que localizam o leitor numa posição que lhe permite escolhas ou participação no processo da criação.

Outra proposta que vincula autoedição e inventividade literária e estética se encontra na narrativa multimídia. Pode-se perceber a originalidade e importância dessa produção graças aos três volumes da *Electronic Literature Collection,* publicada em forma digital em 2006, 2011 e 2016. Foram editados pela *Electronic Literature Organization*, fundada em 1999 (e agora localizada na *Washington State University Vancouver*), com a intenção de estabelecer um repertório e um arquivo das obras que exploram os "modos experimentais das práticas poéticas e criadoras" permitidos pela técnica digital.[88] Se, na sua maioria, os livros digitais da edição clássica se satisfazem com a simples reprodução do modelo impresso, as criações identificadas pela *ELC* aproveitam as "capacidades expressivas da literatura eletrônica", ou seja, as possibilidades fornecidas pelos processos computacionais, pelas interfaces multimídias, pelas redes e pela realidade aumentada. Assim, a *"electronic literature"* se situa nas interseções entre tecnologia e textualidade, entre mídias digitais e linguagens, entre a escrita e os jogos de vídeo, as redes sociais e as aplicações digitais. O terceiro volume da *Collection* reúne 114 títulos em treze línguas diferentes, acessíveis sobre várias plataformas e interfaces: iPhones, Twitter, jogos eletrônicos, etc.

---

88   *Electronic Literature Collection*. Publication of the Electronic Literature Organization, Volume 1 (October 2006), Volume 2 (February 2011), Volume 3 (February 2016), collection.eliterature.org

Um mundo sem livros e sem livrarias?

Os editores da *Electronic Literature Collection* definem seu projeto como um esforço para capturar e preservar objetos efêmeros ameaçados pela obsolescência das plataformas para as quais foram concebidos. Querem também assinalar algumas obras notáveis cuja visibilidade pode desaparecer no imenso mar da Internet.[89] Designam assim dois desafios fundamentais lançados às produções da autoedição e, mais geralmente à textualidade digital: por um lado o caráter efêmero de seu acesso e existência; por outro lado, a opacidade da ordem dos discursos no mundo digital. São reativados, assim, dois medos essenciais frente à cultura escrita: o medo da perda, da desaparição, do esquecimento e, em sentido inverso, o medo do excesso, da proliferação, do caos. Cada sociedade inventou os dispositivos que permitiram apaziguar, sem apagá-los, estes dois temores contraditórios.

Nosso mundo digital não conseguiu ainda cumprir esta dupla exigência de conservação e de classificação que caracteriza as instituições e ferramentas da cultura impressa: bibliotecas, livrarias, cânones,

---

89 «Editorial Statement», in *The Electronic Literature Collection*, Volume 3, 2006, collection.eliterature.org

bibliografias, catálogos. Daí a resistência paradoxal dos livros impressos nos mercados editoriais: os livros eletrônicos representam só 5% do comércio dos livros em Espanha, 7% na França, 2% no Brasil, em 2016–2017 (a porcentagem atingiu 27% nos Estados Unidos, mas sem crescer durante os anos seguintes). Mesmo que todas as instituições da cultura impressa tenham entrado em crise, por exemplo a crise dos jornais e revistas, que devem abandonar sua edição impressa, a crise das livrarias, que desaparecem, ou a crise das bibliotecas, que têm a forte tentação de abandonar suas coleções impressas, os compradores de livros ainda preferem a materialidade do objeto, a ordem do impresso e a visibilidade do autor.

A ressurreição do autor?

Nos anos 60 do século XX, no entanto, a morte do autor parecia inelutável. Num texto famoso, publicado em 1968, Roland Barthes a vinculava com o nascimento do leitor: "um texto é feito de escritas múltiplas, oriundas de várias culturas e que entram umas com as outras em diálogo, em paródia, em contestação; mas há um lugar em que essa multiplicidade se reúne, e esse lugar não é o autor, como se disse até o presente, é o leitor: o leitor é o espaço mesmo onde se inscrevem, sem que nenhuma se perca, todas as citações de que é feita uma escritura; a unidade do texto não está em sua origem, mas no seu destino".[90] É o leitor ou, melhor dizendo, a posição da leitura, que atribui aos textos sentidos que o autor não impõe nem controla.

Michel Foucault, por sua vez, não proclamava a morte do autor, mas a historicidade da "função autor", ou seja a atribuição variável de certos textos (e não todos) a um nome próprio, o nome do autor. Segundo ele, o desaparecimento da "função autor" era possível, pensável ou ainda desejável. Começou assim, em 1970, sua aula inaugural do *Collège de France*, *A ordem do discurso*:

> *Gostaria de me insinuar sub-repticiamente no discurso que devo pronunciar hoje, e nos que deverei pronunciar aqui, talvez durante anos. Ao invés de tomar a palavra, gostaria de ser envolvido por ela e levado*

---

90 Roland Barthes. «A Morte do Autor», (1968). In: Barthes, *O Rumor da Língua*. Tradução Mário Laranjeira. São Paulo: Editora Brasiliense, 1988, disponível em: www2.eca.usp.br

bem além de todo começo possível. Gostaria de perceber que no momento de falar, uma voz sem nome me precedia há muito: bastaria, então, que me encadeasse, prosseguisse a frase, me alojasse, sem ser percebido, em seus interstícios, como se ela me houvesse dado um sinal, mantendo-se, por um instante, suspensa. Não haveria, portanto, começo; e em vez de ser aquele de quem parte o discurso, eu seria, antes, ao acaso do seu desenrolar, uma estreita lacuna, o ponto de seu desaparecimento possível.[91]

Hoje em dia, a proliferação dos textos autoeditados por seus escritores parece significar a ressurreição do autor. A autoedição, nas suas múltiplas formas, faz proliferar os autores que são também seus próprios editores. Seu número é certamente menosprezado porque, como sabemos, é possível pensar que provavelmente 50% dos livros auto editados não tem ISBN (e que a porcentagem dos livros digitais nesses 50% é certamente mais alta que nos 50% com

---

91 Michel Foucault. *A Ordem do discurso*. Aula inaugural no Collège de France, pronunciada em 2 de Dezembro de 1970. Tradução Laura Fraga de Almeida Sampaio. São Paulo: Editora Loyola, 1996, p. 5–6, e moodle.ufsc.br

ISBN). A desforra dos autores tem a dupla forma da democratização do acesso à publicação (que pode fazer-se quase sem nenhum custo além da compra de um computador) e da proliferação da escrita, que estabelece uma forte continuidade entre as práticas cotidianas da escrita e a composição de um "livro".

A autoedição não pode pensar-se fora desta constatação. Seguirá publicando, numa nova forma editorial e material, livros fiéis à sua definição discursiva tradicional, ou será um laboratório que experimenta novas produções simbólicas multimídia permitidas somente pelas técnicas digitais? Serão os autores do futuro os *"wreaders"*, esses leitores e escreventes de nosso presente? Não o sei. A resposta pertence aos *"digital natives"* que se iniciam na cultura escrita diante das telas digitais. São *suas* práticas, mais do que nossos discursos, que plasmam o futuro.

V

LER SEM LIVROS

Nas sociedades do mundo digital todos leem e sempre se lê, para comunicar, informar-se, jogar. Porém, essas leituras que fazemos no cotidiano são cada vez menos leituras de livros. Se apropriam sobretudo dos textos breves das redes sociais. Esta observação inspirou a conferência que pronunciei na Casa do Saber de São Paulo no dia 2 de setembro de 2019. Meu texto discute as três dimensões do "ler sem livros". Na perspectiva da extensão da definição da leitura significa que ler é também apoderar-se de textos que, muitas vezes, não são nem escritos, nem verbais. Como uma metáfora, o ler sem livros indica, paradoxalmente, não a identidade entre textos e imagens, mas sua irredutibilidade. E, a partir de minha memória pessoal, enfatiza as leituras das infâncias sem biblioteca. Estas observações, biográficas, históricas e teóricas, podem ajudar, talvez, a entender as leituras sem livros de hoje, tornadas ainda mais frequentes pela pandemia do Covid-19.

Um mundo sem livros e sem livrarias?

Há três anos a revista eletrônica espanhola *Alabe* me pediu para escrever um breve artigo sobre minhas lembranças de leitor e os livros que havia lido quando era criança e adolescente. Meu testemunho devia localizar-se em uma série de textos escritos por escritores, intelectuais ou professores que haviam aceitado o mesmo pedido. Devo dizer que a tarefa se tornou mais complexa e mais problemática do que pensavam os colegas que publicam esta excelente revista. Em primeiro lugar, como leitor de Pierre Bourdieu, conheço bem as seduções e enganos da ilusão biográfica.[92] Escrever lembranças pessoais é sempre produzir (conscientemente ou não) uma representação de si mesmo que constrói um passado imaginado, desejado, que não corresponde necessariamente ao que aconteceu realmente. Não se trata de desmascarar mentiras ou falsificações intencionais, mas de localizar as imprecisas recordações do passado na imagem que cada um tem de si mesmo ou quer que os outros tenham dele ou dela. A "*ego-his-*

---

92   Pierre Bourdieu. «A ilusão biográfica». In: *Usos e abusos da história oral*. Organizadoras: Marieta de Moraes Ferreira e Janaína Amado, Rio de Janeiro: Fundação Getulio Vargas, 1996, p.183–191.

tória" está sempre ameaçada pelas rememorações das experiências, não como foram, mas como deviam ter sido para adequar-se ao presente do indivíduo.

Memórias de leitores

Além disso, escrever sobre a memória das leituras se tornou um verdadeiro gênero "literário" praticado com prazer pelos intelectuais e pelos escritores. Nos seus textos, as recordações das experiências de leitura se localizam em duas formas dominantes das narrações feitas na primeira pessoa, como se a irredutível singularidade das histórias de vida não pudesse evitar mobilizar os temas e as fórmulas de discursos disponíveis.

Nas narrações dos herdeiros sociais e culturais, os livros são imediatamente e sempre presentes. A história do leitor nascido em um mundo saturado pelos livros é como uma viagem começada muito cedo, entre títulos, autores e gêneros. As escolhas da memória e a maneira de apresentar-se enfatizam a precocidade da capacidade de ler, as descobertas furtivas, as leituras transgressivas, sempre opostas às leituras escolares, obrigatórias, pesadas e aborrecidas. Como se ele (ou ela) tivesse nascido em uma biblioteca, o leitor herdeiro constrói as leituras de sua infância à distância do modelo e do repertório escolar.

Os leitores que nasceram em um mundo sem livros, ou quase, escolhem outro padrão narrativo no qual a leitura é uma conquista, não uma herança. Na sua memória, a escola desempenha um papel fundamental. Suas leituras mais pessoais são, de fato, as leituras requeridas ou recomendadas pelos mestres e professores. Seus livros e autores preferidos, seus gostos mais íntimos, se conformam com os repertórios escolares mais canônicos. O leitor não entrou na leitura graças a uma biblioteca familiar; se tornou leitor na escola.

Com certeza existem outras modalidades de narração, mais complexas ou híbridas, porém, são estes dois modelos dominantes que definem uma polaridade socialmente enraizada entre duas maneiras de escrever as lembranças de leitura e a memória dos livros que acompanharam os anos da infância e da adolescência. Nunca devemos esquecer que os discursos mais pessoais mobilizam necessariamente o saber, as fórmulas retóricas ou as estruturas narrativas disponíveis num tempo dado. A ilusão biográfica conduz o indivíduo a pensar-se como irredutivelmente único e singular, contudo, seu discurso ou sua memória só podem plasmar-se retomando modelos amplamente compartilhados.

É o modelo da apropriação lenta e difícil da prática leitora que organiza minhas lembranças de leitor nascido num mundo social e familiar onde os livros eram raros. Nesse caso, livros e escola se confundem, seja porque os livros possuídos são os livros que procura ou exige a escola, sejaporque as leituras do entretenimento são leituras que figuram nos programas escolares. A obrigação pedagógica parece a condição mesma da descoberta do prazer livre da leitura e os textos estudados na classe se transformam em suportes de uma experiência vivida como pessoal.

Nas infâncias sem livros ou somente com os livros recebidos como presentes ou como prêmios escolares, entre os leitores de minha geração, as leituras mais frequentes eram leituras das histórias em quadrinhos que também se recopilavam em álbuns esperados como presentes de Natal. Os leitores herdeiros liam estas publicações sem méritos mas liam também "verdadeiros" livros dos quais se recordam. Contudo, nas infâncias sem herança escrita, era possível ler sem livros.

Na França dos anos sessenta do século XX, a televisão foi um poderoso instrumento de difusão cultural. Com um só canal até 1964 e somente dois até 1972, a televisão pública permitiu a um grupo de realizadores unidos por um forte compromisso cívico, propor a um amplo público leituras sem livros graças às adaptações de romances do século XIX (particularmente de Dickens), às representações filmadas de obras teatrais canônicas (Molière, Racine, Hugo), às reconstituições de eventos históricos, aos programas dedicados aos livros e aos escritores, pintores ou monumentos.[93] Nesse tempo, os realizadores mais engajados da televisão francesa pensavam

---

93 Régine Chaniac et Jean-Pierre Jézéquel. «Les Buttes Chaumont: l'âge d'or de la production?», *Quaderni. La revue de la communication*, 65, Hiver 2007–2008, «L'ambivalence du mythe de l'ORTF», p. 65-79, et Sabine Chavon-Demersay, «"La fin des privilèges?" Le choix du répertoire de *Théâtre pour la jeunesse* de Claude Santelli», *Sociétés & Représentations*, n° 39, 2015, «Ecritures du feuilleton», p. 43-63.

que as pessoas sem livros, mas que possuíam televisores, deveriam poder encontrar na tela as obras, os conhecimentos e os prazeres tradicionalmente reservados a uma elite social dotada de bibliotecas. Sua esperança era magnífica, comparável, na sua vontade democrática, com o teatro popular imaginado e praticado por Jean Vilar na França, no *Théâtre National Populaire* ou por Giogio Strehler, na Itália, no *Piccolo Teatro*, de Milão. O esforço acompanhava os mestres e professores em um ardente sonho de democratização cultural que devia permitir o acesso à leitura por parte das crianças sem livros. E foi em frente à tela em preto e branco de um modesto televisor que descobri muitos dos livros e das obras que me acompanham até hoje.

Textos e imagens

Voltarei, na última parte deste capítulo, a falar sobre as novas modalidades do ler sem livros prometidas ou impostas pelas telas do mundo digital. Mas antes queria propor uma pausa histórica. Com efeito, foi num livro publicado no século XVII, que encontrei o título de minha conferência. Em 1672, o capitão português Diogo Henriques de Villegas publicou, em Lisboa, uma obra cujo título era *Leer sin libro*.[94] Segundo Villegas, as imagens e as palavras escritas significam "a coisa mesma e também o mesmo conceito". Fernando Bouza resume assim o livro: "propõe um singular sistema de pedagogia, tendo como base a leitura simbólica de árvores e de plantas, autêntico manancial de exemplos para quem devia governar-se a si mesmo, à sua família, à sua comunidade".[95] O livro de Villegas é a expressão paroxística da concepção dominante que, nos séculos XVI e XVII, considera que, como escreve Bouza, "o oral, o icônico-visual e o escrito, tanto na sua versão tipográfica como manuscrita, assim como nas suas formas de leitura silenciosa ou em voz alta, cumpriam a mesma função expressiva, comunicativa e rememorativa, ainda que, claro está, não nas mesmas circunstâncias, correspondendo às figuras e aos

---

94 *Leer sin libro. Direcciones acertadas para el Govierno Ethico, Economico, y Politico:* Dirigido al Serenissimo Principe Don Pedro el Felice, Regente de Portugal y Algarbe. Escrevia Don Diego Enriquez de Villegas. Lisboa: Antonio Craesbeeck, 1672.
95 Fernando Bouza. «Comunicação, conhecimento e memória na Espanha dos séculos XVI e XVII». (1999) *Cultura*, 14, 2002, pp. 105–171, citação p. 114.

caracteres escritos a possibilidade de, para além de apresentar, re-presentar o conhecimento".[96] Nesse sentido, se podia "ler" as imagens ou escutar os mortos com os olhos.

Essa equivalência fundamental não apagava as características próprias de cada forma de comunicação e conhecimento – a capacidade de reprodução da escrita, o poder de representação das imagens, a força performativa da oralidade – mas permitia transmitir um mesmo enunciado, a mesma coisa ou o mesmo conceito, seja com a escolha de uma modalidade ou outra da comunicação, seja com sua associação. Assim, por exemplo, os emblemas que justapõem um lema, uma gravura e um poema ou os sermões que conjugam o oral, o visual e a escrita, já que foram escritos pelo predicador e podiam converter-se em textos impressos.

Nos séculos XVI e XVII, o escrito pode pintar e a imagem pode narrar. Cervantes o recorda na Segunda Parte de *Don Quijote*, publicada em 1615. No capítulo LXXI Sancho prevê: "Eu aposto que antes de muito tempo não há de haver bodega, estalagem

---

96   *Ibid.*, p. 115.

nem pousada ou barbearia onde não ande pintada a história de nossas façanhas; mas quisera eu que a pintassem mãos de outro melhor pintor que o que pintou isso aqui". Sancho designa assim os "velhos sacos pintados", representando o roubo de Helena e a história de Dido, que ornam os muros da pousada onde se hospedou Dom Quixote no caminho de volta à sua casa. Dom Quixote responde: "Tens razão, porque este pintor é como Orbaneja, um que vivia em Ubeda, que quando lhe perguntavam o que pintava, respondia: 'O que sair', e se por acaso pintava um galo, escrevia embaixo: Isto é um galo, para não pensarem que era uma zorra[97]. Assim me parece, Sancho, que o pintor ou escritor que deu à luz a história desse novo D. Quixote aparecido agora, foi pintar ou escrever o que saísse."[98] (Dom Quixote faz alusão aqui à continuação apócrifa da história publicada em 1614 sob

---

97   Raposa.
98   *El ingenioso Hidalgo Don Quijote de la Mancha*. Tradução de Conde de Azevedo e António Feliciano de Castilho. 2ª tradução, 1876, pelos Viscondes de Castilho e de Azevedo. Porto: Companhia Literária. Digitalização e ortografia abrasileirada a partir dos volumes VIII e IX da coleção Clássicos Jackson. e-booksBrasil.org

o sobrenome de Avellaneda).[99] Então se pode "ler" uma história ou um romance mirando as imagens que recapitulam os episódios da narração. É a razão pela qual os peregrinos do último livro de Cervantes, *Os trabalhos de Persiles e Sigismunda*, pedem a um pintor lisboeta que pinte as múltiplas peripécias de suas aventuras, de maneira que não sejam obrigados a narrá-las.[100]

No século XVIII, uma nova concepção da relação entre o escrito e o icônico substituiu essa teoria renascentista da equivalência entre discurso e imagem, escritor e pintor. Doravante, a imagem foi pensada como um suplemento do texto: podia mostrar o que o discurso não podia narrar — por exemplo a simultaneidade entre várias operações. Daí o papel especifico desempenhado pelas ilustrações tanto nas edições dos romances (seja contemporâneos ou antigos, tal como Dom Quixote) quanto das enciclo-

---

99 Miguel de Cervantes. *O engenhoso Cavaleiro D. Quixote de La Mancha*. Tradução e notas de Sérgio Molina. São Paulo: Editora 34, 2010, Segundo Livro, p. 731
100 Miguel de Cervantes. *Os Trabalhos de Persiles e Sigismunda*. Tradução de José Bento. Lisboa: Documenta, 2014, Terceiro Livro, Capítulo primeiro.

pédias (podemos pensar nos volumes de gravuras da *Encyclopédie* de Diderot e d'Alembert).[101] Quando as imagens transmitem um excedente de sentido ausente no texto, ler e ver não são mais sinônimos.

Não obstante, esta mutação foi acompanhada até hoje pela permanência da ideia segundo a qual a palavra "leitura" pode estar aplicada mais além da apropriação da escrita, como se se pudesse ler "textos" que não são nem livros nem escritos. É esta ideia que fundamenta a noção de "*palavramundo*" no trabalho de Paulo Freire. Em seu pequeno livro *A importância do ato de ler*, Paulo Freire faz a distinção entre dois sentidos da palavra "ler". No sentido literal, ler é ler letras, palavras, textos, livros. Essa leitura supõe a alfabetização, a aprendizagem escolar, o domínio da palavra escrita. Porém, "ler" tem também outro sentido. Ler é, antes ou depois da leitura dos livros, "ler" o mundo, a natureza, a memória, os gestos, os

---

[101] Roland Barthes. «As pranchas da Enciclopédia». (1964) *O Grau zero da escrita seguido de Novos ensaios críticos*. Tradução de Mario Laranjeira, São Paulo: Martins Fontes, 2004, e Raymond Birn. «Les mots et les images: l'*Encyclopédie* le projet de Diderot et la stratégie des éditeurs», *Revue d'histoire moderne et contemporaine*, 1988, p. 637–651.

sentimentos — tudo aquilo que Paulo Freire designa com o neologismo: *palavramundo*.[102]

É uma mesma perspectiva que justifica a noção de "textos não verbais" no livro de D.F. McKenzie, *Bibliografia e sociologia dos textos* – um livro publicado em 1986.[103] As imagens, os mapas, as partituras, ou os territórios mesmos devem ser considerados como "textos" e sua compreensão pensada como uma leitura. Todas as produções simbólicas construídas a partir das relações entre os sinais que formam um sistema semântico são "textos". Como consequência a "sociologia dos textos" não deve limitar-se a descrever e analisar as produções escritas, porque não pensa em "livros como a única forma de artefato textual, mas em textos de tipos muito diferentes, em muitas formas materiais diferentes, dos quais apenas alguns são livros ou documentos".[104] Daí a definição ampliada de "texto", de modo que inclua dados verbais, visuais, orais e numéricos, em forma de mapas,

---

102   Paulo Freire. *A importância do ato de ler.* (1981) 23a edição, São Paulo: Cortez, 1989.
103   D. F. McKenzie. *Bibliografia e a sociologia dos textos.* (1986) Tradução de Fernanda Verissimo, São Paulo: Editora da Universidade de São Paulo, 2018, p. 59.
104   *Ibid.,* p. 61.

impressos e música, de arquivos de registros de som, de filmes, vídeos e qualquer informação conservada em computador, tudo, na verdade, de epigrafia às ultimas formas de discografia".[105] Se seguimos Paulo Freire e D.F. McKenzie, compreender o que é a leitura seria talvez entender as relações entre os dois sentidos do verbo ler, considerando, por um lado, a especificidade da leitura da escrita e dos livros, e, por outro lado, a "leitura" dos processos que organizam, segundo lógicas muito diferentes, a compreensão imediata do mundo, das realidades naturais ou das experiências da vida.

É uma possibilidade para o "ler sem livros". Contudo, subsiste uma interrogação frente aos usos descontrolados da palavra "ler", se se sugere que toda "leitura" é governada pelas regras que caracterizam a decifração dos textos. É contra este risco que adverte Louis Marin no seu livro *Des pouvoirs de l'image* quando enfatiza "a distância do visível aos textos" ou "a heterogeneidade semiótica" entre a imagem e a escrita.[106] Essas fórmulas são um ponto de apoio

---

105   *Ibid.*, p. 26.
106   Louis Marin. *Des pouvoirs de l'image. Gloses.* Paris: Editions du Seuil, 1993, p. 21.

precioso para quem recusa identificar a um texto todas as produções simbólicas, não só as imagens mas também os rituais ou as práticas. Contra tal perspectiva, deve reconhecer-se a radical diferença entre a lógica mobilizada pela apropriação ou pela produção da escrita e as outras lógicas, que fundamentam a compreensão das imagens, as condutas rituais ou o senso prático. Como escreve Pierre Bourdieu, "Levei muito tempo para compreender que não se pode apreender a lógica da prática, a não ser por meio de construções que a destroem como tal, enquanto não se questionar o que são, ou melhor, o que tornamos instrumentos de objetivação, genealogias, esquemas, quadros sinóticos, plantas, mapas, a isso tudo acrescentei então, graças aos mais recentes trabalhos de Jack Goody, a simples transcrição escrita".[107] Não se devem reduzir todos os funcionamentos simbólicos aos procedimentos que governam a produção dos discursos.

---

[107] Pierre Bourdieu. *O Senso prático.* (1980) Tradução de Maria Ferreira. Petrópolis: Editora Vozes, 2009, p. 25. Bourdieu se refere ao livro de Jack Goody, *A Domesticação da mente selvagem.* (1977) Tradução de Vera Joscelyne. Petrópolis: Editora Vozes, 2012.

Um mundo sem livros e sem livrarias?

A prova são as dificuldades encontradas quando se trata de converter imagens em palavras e palavras em imagens. Louis Marin escreve: "Como fazer com palavras uma imagem ou então como dar a uma imagem construída em e pelas palavras seu poder próprio ou, ao inverso, como transferir às palavras, à sua ordenação e às suas figuras o poder que a imagem encerra na sua própria visualidade, pela imposição de sua presença?"[108] A técnica retórica da *ekphrasis* corresponde à primeira operação (construir uma imagem mental com palavras), a crítica da arte à segunda (transferir uma imagem real às palavras que devem mostrá-la). Assim, Louis Marin nos adverte contra a tentação de pensar que se podem "ler" imagens como se leem textos. Talvez, pensar que se pode ler sem livros seja uma ilusão imposta pelo uso descontrolado de uma metáfora que chegou a me enganar. Olhar para a televisão francesa nos anos sessenta não era ler, nem sequer aprender a ler.

Leituras digitais

A partir desse relato, proponho uma pergunta final sobre o nosso presente digital. Nesse caso,

---

108   Louis Marin. *Des pouvoirs de l'image, op. cit.*, p. 72.

é verdade que se lê sem livros? A pergunta supõe, em primeiro lugar, decidir se um livro eletrônico é um livro e, consequentemente, o que é um livro. Em 1797, na "Doutrina do Direito", que é a primeira Parte da *Metafísica dos costumes*, Kant responde à pergunta que colocou para discutir a prevalência do direito pessoal sobre o direito a uma coisa, no contexto da denúncia das reproduções piratas das edições feitas sem a permissão do autor. Kant distingue entre as duas naturezas do livro: "por um lado um livro é um artefacto corpóreo (*opus mechanicum*) que pode ser reproduzido (por alguém que esteja em posse legítima de uma cópia dele), de modo que haja um direito a uma coisa com relação a ele e, por outro lado, um livro é também um mero discurso do editor ao público, que o editor não tem permissão de repetir publicamente sem ter um mandato do autor para fazê-lo (*praestatio operae*), e este é um direito pessoal (direito em relação a uma pessoa)".[109] Daí a conclusão: "A publicação não autorizada de livros é juridi-

---

[109] Immanuel Kant. *A Metafísica dos Costumes. Contendo a Doutrina do Direito e a Doutrina da Virtude.* (1797) Tradução de Edson Bini. 2a edição revista, São Paulo: Edipro, 2008, p. 135.

camente proibida". O texto de Kant enfatiza assim duas características do livro na sua definição tradicional: o autor é o proprietário do discurso que dirige ao público e este discurso tem a forma material do escrito manuscrito ou impresso. As definições contemporâneas justapõem os dos elementos: um livro é "uma reunião de folhas impressas presas por um lado e enfeixadas ou montadas em capa", juntamente com "a obra intelectual publicada sob a forma do livro".[110]

O "livro eletrônico" desafia ambas definições. Como discurso, não se encontra mais inscrito num objeto do qual é inseparável como são alma e corpo. É agora a tela do computador a que faz parecer em frente ao leitor os textos previamente distribuídos entre livros distintos. Cria-se, assim, uma continuidade textual que não diferencia mais os diversos discursos a partir da materialidade própria de sua edição. Encontra-se, desta forma, desatada a relação que Kant estabelece entre o *opus mechanicum* e o discurso dirigido ao público. A identidade e a coerência

---

[110] *Mini-Aurélio Século XXI. O minidicionário da língua portuguesa*. Rio de Janeiro: Editora Nova Fronteira, 2000, «Livro», p. 430.

própria de cada discurso não se percebe mais a partir de sua materialidade. O segundo desafio se remete à definição textual do livro considerado como um discurso diferente de outras produções escritas por sua construção e arquitetura, das quais o autor é o criador. Como sabemos os gêneros mais frequentemente compostos e lidos na textualidade digital são os gêneros breves das redes sociais, os quais impõem a ubiquidade da escrita sobre as telas do computador, do tablete, do smartphone, e que preferem formas discursivas segmentadas emaleáveis. Além disso, é a relação entre os fragmentos textuais e a totalidade dum discurso que está transformada. No livro impresso, cada parte, cada capítulo, cada parágrafo desempenham um papel na narrativa, na argumentação ou na demonstração. A materialidade do objeto impõe a percepção de sua localização, ainda que pelo leitor que nãoquer ler a totalidade na sua totalidade. No mundo digital, a tela do computador faz aparecerem fragmentos textuais descontextualizados, despojados do sentido que tinham na arquitetura do livro. A leitura fragmentada, permitida ou incitada pela tecnologia digital, substitui unidades escritas separadas, autônomas, que finalmente não são mais fragmentos porque não se remetem a uma totalidade. Se até agora o livro mantém sua presença predominante como objeto no mercado editorial e como tipo de discurso na edição digital, devemos considerar que as práticas quotidianas, multiplicadas, incessantes, aceleradas, da escrita e da leitura digitais se afastam e nos afastam radicalmente do livro na sua dupla natureza, material e textual.

Cada dia se lê mais sem livro. É possível que ler sem livros não será mais uma lembrança pessoal, uma teoria semiótica ou uma metáfora, mas a realidade fundamental de uma nova ordem dos discursos. Possível, porém não certo. Como escreveu Walter Benjamin, as técnicas produzem efeitos possivelmente contraditórios, que dependem de seus usos por parte das instituições e dos indivíduos[111]. Não existe qualquer determinismo tecnológico, senão práticas impostas ou espontâneas que dão seu sentido às possibilidades técnicas. A digitalização do mundo é uma

---

111 Walter Benjamin. *A Obra de arte na época de sua reprodutibilidade técnica*. (1936) Tradução de Francisco De Ambrosis Pinheiro Machado. Porto Alegre: Zouk Editora, 2012.

magnífica promessa e, ao mesmo tempo, uma perda, se ignora ou se apaga as heranças que permitiram, e ainda permitem múltiplas experiências do ler e do escrever. O livro, entendido tanto como um objeto específico da cultura escrita quanto como uma forma de discurso que supõe uma forte relação entre a totalidade textual e cada um de seus elementos, é uma dessas heranças.

VI

EXPERIÊNCIAS BRASILEIRAS

"Sempre me pergunto por que os estrangeiros, salvo raríssimas exceções, gostam do Brasil",
Fernando Novais, 1994

Esta pesquisa foi apresentada na Jornada Intercultural França-Brasil organizada no Instituto Ricardo Brennand, em Recife, no dia16 de julho de 2019. Minha intenção era de inverter a perspectiva clássica que enfatiza a recepção brasileira dos trabalhos franceses. Trata-se, em contrapartida, de compreender que papel desempenhou o conhecimento do Brasil sobre as obras, ou vidas, de três autores que ficaram vários anos no país (como Fernand Braudel) ou que o visitaram muitas vezes (como Michel de Certeau ou Michel Foucault). Acrescentei à lista Pierre Bourdieu que nunca viajou ao Brasil mas manteve estreitas relações com as realidades e com os sociólogos brasileiros. Parece-me agora que buscar a presença do Brasil nas obras desses quatro importantes autores do campo das ciências humanas e sociais tem dois sentidos para mim. O primeiro é histórico e faz lembrar que o Brasil de Michel Foucault e de Michel de Certeau era o Brasil da ditadura militar, que perseguia, torturava e assassinava. Ambos a denunciaram corajosamente. É uma recordação útil no tempo atual; em que assistimos às falsificações da história e feridas infligidas à memória. O segundo sentido é pessoal. Desde mais de vinte anos viajei ao Brasil para dar palestras e cursos, participar de congressos e feiras do livro, compartilhar ideias com colegas, encontrar estudantes e leitores. Estas experiências foram para mim inesgotáveis fontes de conhecimentos, reflexões e emoções. Foi comovente encontrar semelhantes pensamentos e sentimentos nas experiências brasileiras de quatro autores que acompanharam, desde o início, minha própria viagem intelectual.

Este capítulo não será um estudo da recepção brasileira de obras francesas fundamentais nos campos da história, das humanidades ou das ciências sociais. Muitos trabalhos foram dedicados a este tema, os quais enfatizaram, por exemplo, o impacto da história dos *Annales* sobre a historiografia brasileira ou as várias apropriações da sociologia de Pierre Bourdieu nos campos da educação, da sociologia dos esportes ou da história dos intelectuais. Não tenho as competências necessárias para acrescentar novos capítulos a esta perspectiva, que pode ser algumas vezes problemática quando utiliza sem distância crítica a noção redutora de "influência". Pela mesma razão não dedicarei este ensaio à autores que se tornaram "brasilianistas" escolhendo como temas de suas pesquisas várias realidades brasileiras. É assim que não encontraremos neste texto Lévi-Strauss, Roger Bastide ou Pierre Monbeig, para citar somente três dos professores da missão universitária francesa que contribuiu para a fundação da USP.[112]

Minha intenção é diferente. Buscará a presença do Brasil, qualquer que seja sua forma, nas obras de autores franceses que nunca foram considerados como especialistas na história, na cultura ou na sociedade brasileiras: Fernand Braudel, Michel de Certeau, Michel Foucault e Pierre Bourdieu. Escolhi

---

112 *O Brasil, os índios e, finalmente, a USP*, Filme de Marcello G. Tassara, 1988.

suas obras porque desempenharam (e ainda desempenham) um papel essencial no mundo intelectual e acadêmico brasileiro.

Organizarei minha análise a partir de quatro datas:

Fernand Braudel. 1935.

É em fevereiro de 1935 que Braudel chega na USP no quadro da missão francesa. Tinha trinta e dois anos. Havia passado dez anos na Argélia e dois em Paris. Ficará dois anos no Brasil antes de voltar à França no mês de novembro de 1937, no navio onde teve o encontro decisivo com Lucien Febvre, que voltava de Buenos Aires. Em 1985, Braudel declarou: "Eu me tornei inteligente indo ao Brasil. O espetáculo que tive diante dos olhos era um tal espetáculo de história, um tal espetáculo de gentileza social, que me fez compreender a vida de outra maneira. Os mais belos anos da minha vida, eu passei no

Brasil"[113]. Numa entrevista no ano de 1984, Braudel sublinha a importância decisiva dos dois anos passados no Brasil na elaboração de sua tese, que se inicia com um estudo de Felipe II e o mar mediterrâneo: "esta experiência foi importante para mim, não creia, por exemplo, que eu teria escrito sobre o Mediterrâneo um livro diferente dos outros se eu não tivesse estado antes no Brasil, se eu não tivesse mudado, por assim dizer, totalmente. A história nova que eu defendi no Mediterrâneo, eu de certa maneira concebi, construí, sonhei quando estava no Brasil. É porque esta história interessou aos meus estudantes".[114] Paule Braudel, sua viúva, recorda, num artigo publicado

---

[113] Fernand Braudel. *Une leçon d'histoire*. Châteauvallon / Octobre 1985. Paris: Artaud-Flammarion, 1986, p. 203. «Je suis devenu intelligent en allant au Brésil. Le spectacle que j'avais sous les yeux était un tel spectacle d'histoire, un tel spectacle de gentillesse sociale que j'ai compris la vie autrement. Les plus belles années de ma vie, je les ai passées au Brésil». Tradução para o português: Fernand Braudel, *Uma lição de história*. Rio de Janeiro: Jorge Zahar, 1989. Citação em Luis Corrêa Lima. «O Brasil transforma Braudel». Disponível em:
en.braudel.org.br/research/archive/downloads/o-brasil-transforma-braudel
[114] Fernand Braudel.«Entrevista a Marcello G. Tassara», Paris, 1984, Midialab/ECA-USP, citado por Luis Corrêa Lima. «O Brasil trasforma Braudel».

nos *Annales* em 1994, que foi no Brasil que Braudel mudou a perspectiva e o tema de sua tese, que se tornou "O Mediterrâneo e o mundo mediterrâneo na época de Felipe II."[115] O mar, e não mais o rei era, a partir deste momento, o protagonista essencial da obra.

O Brasil forneceu também à Braudel uma de suas imagens preferidas para fazer entender a elaboração de sua arquitetura das três temporalidades da história: *"longue durée"*, conjuntura, evento. Uma noite em que seu carro quebrou na estrada de Feira de Santana, Braudel descobriu a profundidade obscura da selva só iluminada pelos vagalumes. Várias vezes retomou esta lembrança para fazer compreender que os acontecimentos são somente espumas de ondas da história cujas realidades fundamentais se localizam num tempo que não é o tempo das percepções imediatas. A primeira vez que aparece a imagem é nas conferências que Braudel pronunciou para seus companheiros de cativeiro nos campos de prisioneiros de guerra em Mogúncia e Lübeck nos anos 40. O

---

115 Paule Braudel. «Les origines intellectuelles de Fernand Braudel: un témoignage». *Annales. Economies, sociétés, civilisations*, 1992, n° 1, p. 237–244.

texto, transmitido por um caderno manuscrito encontrado nos arquivos de Braudel, introduziu assim os vagalumes: "Aconteceu-me uma noite, no interior do Estado da Bahia, ser apanhado bruscamente no meio de uma prodigiosa invasão de vagalumes fosforescentes. Estilhavam-se sem parar, mais ou menos distantes, inumeráveis, em molhos, ao sair dos bosques e das valas da estrada, como foguetes, muito breves, no entanto, suficientes para iluminar a paisagem com nitidez. Os eventos são como esses pontos de luz. Além de seu brilho mais ou menos vivo, além de sua própria história, toda a paisagem circundante deve ser reconstituída: a estrada, as matas, a selva alta, as lateritas avermelhadas do Nordeste brasileiro, pulverulentas, os declives do terreno, os raros veículos que passam e os burros, muito mais numerosos, com suas pesadas cargas de carvão vegetal e, por último, as casas próximas e os campos cultivados. Daí a necessidade de ultrapassar a franja luminosa dos

Um mundo sem livros e sem livrarias?

eventos que é somente uma primeira fronteira, frequentemente, e por si só, uma pequena história"[116].

Braudel retomou a imagem dos vagalumes da selva brasileira na sua aula inaugural do Collège de France em 1949: "Recordo-me de que uma noite, nas cercanias da Bahia, me envolveu um fogo de artifício de lucíolas fosforescentes; sua luz pálida resplandecia, extinguia-se, cintilava de novo, sem abrir na noite verdadeira claridade. Assim os fatos: para além

---

116 Fernand Braudel. «L'Histoire, mesure du monde». (1941 e 1943–44). *Les Ecrits de Fernand Braudel.* Tome II. *Les Ambitions de l'Histoire.* Op. cit., p. 11–83. "Il m'est arrivé, un soir, à l'intérieur de l'Etat de Bahia, d'être pris brusquement au milieu d'une montée prodigieuse de lucioles phosphorescentes. Elles éclataient partout sans arrêt, plus ou moins hautes, innombrables, en gerbes au sortir des taillis et des fossés de la route, comme autant de fusées, trop brèves, pourtant, pour éclairer le paysage avec netteté. Ainsi des événements, ces points de lumière. Au-delà de leur éclat plus ou moins vif, au-delà de leur propre histoire, tout le paysage environnant est à reconstituer: la route, les broussailles, le haut-bois, la latérite rougeâtre du Nord brésilien, pulvérulente, les déclivités du terrain, les rares véhicules qui passent et les bourricots, bien plus nombreux, avec leurs grosses charges de charbon de bois, enfin les maisons proches et les cultures. D'où la nécessité, voyez-vous, de dépasser la frange lumineuse des événements qui n'est qu'une première frontière, souvent, à elle seule, une bien petite histoire", p. 23–24.

de seu brilho, a obscuridade permanece vitoriosa"[117]. Os vagalumes reaparecem numa conferência de Braudel apresentada, em 1955, no Collège philosophique de Jean Wahl: "Parados numa estrada, fomos envoltos por uma invasão de vagalumes. Era um espetáculo de uma beleza extraordinária do qual já falei várias vezes, uma série de explosões de luz, explosões silenciosas, mas essas luzes não permitiam ver muito longe, nem a paisagem, nem a estrada. Acho que a história dos eventos é um pouco como esses pontos luminosos, olhados perto demais e de modo abusivo, como se as nuvens representassem a totali-

---

117 Fernand Braudel. «Les responsabilités de l'histoire». (1950) *Les Ecrits de Fernand Braudel*. Tome II *Les Ambitions de l'Histoire. Op. cit.*, p. 103. «J'ai gardé le souvenir, une nuit, près de Bahia, d'avoir été enveloppé par un feu d'artifice de lucioles phosphorescentes; leurs lumières pâles éclataient, s'éteignaient, brillaient à nouveau, sans trouer la nuit de vraies clartés. Ainsi les événements: au-delà de leur lueur, l'obscurité reste victorieuse». Tradução para o português: USP, Vol. IV, n° 10, 1952, p. 257-273, p. 262.

dade da vida dos homens".¹¹⁸ Durante muito tempo, a desconfiança de Braudel pelo "tempo curto", pelo que chamava de "micro-história", se vinculou com as luzes brilhantes, mas limitadas e fugazes dos vaga-lumes baianos¹¹⁹.

---

118   Fernand Braudel. «L'impérialisme de l'histoire». (1955) *Les Ecrits de Fernand Braudel*, Tome II, *Les Ambitions de l'Histoire, op. cit.*, p. 133. «Il m'est arrivé un soir, en 1937, de me trouver pris dans ce qu'on peut appeler la forêt brésilienne, mais c'était la forêt de la région de Bahia, c'est-à-dire des arbres rabougris d'un mètre ou un mètre cinquante de hauteur, tout à fait à l'intérieur de ce qu'on appelle le sertão, la brousse. En panne sur une route, nous avons été enveloppés dans une montée de lucioles, vers luisants aériens. C'était un spectacle d'une extraordinaire beauté dont j'ai plusieurs fois parlé, une série d'éclatements de lumières, éclatements d'ailleurs silencieux, mais ces lumières ne permettaient pas de voir très loin, ni le paysage, ni la route. Je pense que l'histoire événementielle, c'est un peu l'histoire de ces points lumineux, considérés de trop près et de façon abusive, comme si leur nuage représentait l'ensemble de la vie des hommes».
119   Paulo Teixeirra Iumatti. «Historiographical and Conceptual Exchange between Fernand Braudel and Caio Prado Jr in the 1930s and 1940s: a Case of Unequal Positions in the Intellectual Space between Brazil and France». *Storia della Storiografia*, Vol. 71, n° 1, 2017, p. 89–110, e Paulo Miceli. «Sobre a história, Braudel e os vaga-lumes. A Escola dos *Annales* e o Brasil (ou vice-versa)». In:*Historiografia brasileira em perspectiva*. Marcos Cezar Freitas. (Org.) São Paulo: Editora Contexto, 1998, p. 259–270.

Quando estava na USP, Braudel pensou que o tema de sua tese secundária (obrigatória nesse tempo) poderia ser o Brasil no século XVI. Depois da guerra, Braudel abandonou o projeto, mas durante o cativeiro havia esboçado este livro nunca terminado. O manuscrito inacabado, cuja data estimada é novembro de 1943, era o resultado de leituras e pesquisas feitas durante os anos passados em São Paulo. Foi encontrado por Luis Corrêa Lima no arquivo privado de Paule Braudel. Corrêa Lima o descreve assim: "São mais de duzentas páginas avulsas formando um grande rascunho. Há frases soltas, parágrafos e trechos mais longos. Algumas frases e um parágrafo são riscados, mas são reaproveitados e refeitos adiante. [...] Não é possível saber qual seria o produto final desse texto caso ele tivesse prosseguido". Luis Corrêa Lima dá um resumo analítico do manuscrito que enfatiza a dimensão atlântica da história do Brasil.[120]

---

120 Fernand Braudel.«Ensaio sobre o Brasil do Século XVI», arquivo privado de Paule Braudel. Luis Corrêa Lima. *Fernand Braudel e o Brasil. Vivência e Brasilianismo (1935–1945)*, São Paulo: EdUSP, 2009, p. 165–193, p. 165 e sua entrevista no *IHU On-Line*, N° 319, 14 dezembro 2009.

Um mundo sem livros e sem livrarias?

Braudel escreveu dois ensaios durante o período de seu ensino na USP. Foram publicados em inglês por Ian Merkel na revista *French Historical Studies* em 2017[121]. Trata-se de dois textos publicados em 1936 na revista *Filosofia, Ciências e Letras* dos estudantes da USP e, em 1937, no *Anuário da Faculdade de Filosofia, Ciências e Letras*. Infelizmente, os originais em francês, traduzidos por Eurípedes Simões de Paula, foram perdidos. No primeiro ensaio, "Conceito do país novo", Braudel desenvolvia uma comparação entre o Brasil e a Argélia, entre uma nova nação e uma colônia[122]; no segundo ensaio, "O ensino da história e suas diretrizes", defendia sua concepção da história aberta à geografia e às ciências sociais.[123] Na entrevista de 1984, Braudel recorda que a histó-

---

[121] Ian Merkel, Fernand Braudel. «Brazil, and the Empire of French Social Sciences. Newly Translated Sources from the 1930'». *French Historical Studies*, Volume 40, n° 1, February 2017, p. 129-160.

[122] Fernand Braudel. «O Conceito do País Novo». *Filosofia, Ciências e Letras*, 2, 1936, p. 3-10. Cf. Luis Corrêa Lima. *Fernand Braudel e o Brasil. Op. cit.*, p. 118-124.

[123] Fernand Braudel. «O ensino de História — Suas Diretrizes», *Anuário da FFCL*. 1934-1935 São Paulo, Revista dos Tribunais, 1937, p. 113-121. Cf. Luis Corrêa Lima. *Fernand Braudel e o Brasil.Op. cit.*, p. 114-118.

ria que apaixonava seus estudantes de São Paulo era "uma história representando o conjunto das ciências humanas, esta espécie de invasão da história pela sociologia, pela geografia, pela economia"[124].

A primeira publicação de Braudel sobre a história do Brasil foi também sua primeira publicação nos *Annales* ou, mais exatamente, nos *Mélanges d'histoire sociale*, título da revista durante os anos da Ocupação alemã. No Volume 4, publicado em 1943, o primeiro artigo é um texto dedicado à obra de Gilberto Freyre. Braudel o escreveu no tempo de cativeiro.[125] Uma nota da redação indica: "Fernand Braudel pôde redigir e mandar este estudo. Mas não pôde rever as provas"[126]. Os livros de Gilberto Freyre foram uma das leituras brasileiras de Braudel.

---

124   Fernand Braudel. «Entrevista a Marcello G. Tassara». Paris: 1984, citada por Luis Corrêa Lima. *Fernand Braudel e o Brasil. Op. cit.*, p. 107.
125   Fernand Braudel.«A travers un continent d'histoire: le Brésil et l'œuvre de Gilberto Freyre». *Mélanges d'histoire sociale*, n° 4, 1943, p. 3–20. Cf. Luis Corrêa Lima. *Fernand Braudel e o Brasil.Op. cit.*, p. 154–159.
126   Fernand Braudel.«A travers un continent d'histoire: le Brésil et l'œuvre de Gilberto Freyre», *art.cit*: «Fernand Braudel a pu rédiger et nous faire tenir cette étude. Il n'a pas pu, par contre, revoir les épreuves», p. 3.

Na sua longa resenha, Braudel propõe uma visão da história do Brasil construída a partir da perspectiva europeia: "Para nós, Europeus, o Brasil é sobretudo uma Europa americana, uma Europa apoiada sobre este Mediterrâneo moderno que foi o Atlântico"[127]. Daí, a crítica da obra, por outro lado, admirada, de Gilberto Freyre. Segundo Braudel, tal como outros historiadores brasileiros, Freyre esqueceu a pertença do Brasil ao mundo Atlântico, sua relação a esta "vida do Oceano que, dependendo se é fraca ou forte, funde o Brasil à imensidão marítima ou o faz cair nas suas profundezas continentais"[128]. Nessa perspectiva, o Brasil, com múltiplas variantes, "recomeçou a Europa, ou seja, a longa história que começou com a Antiguidade clássica"[129]. Afirma-se, assim, o para-

---

127 *Ibid.*: «Pour nous, Européens, le Brésil est d'abord une Europe américaine, une Europe appuyée sur cette Méditerranée moderne qu'aura été l'Atlantique», p. 19.

128 *Ibid.* : «Cette vie de l'Océan, suivant qu'elle est faible ou forte, le Brésil, interminable Armor, se soude à l'immensité maritime ou bascule vers ses profondeurs continentales», p. 19–20.

129 *Ibid.* : «Et le Brésil, avec des variantes multiples, des oppositions profondes et farouches, a tout de même, si l'on veut, recommencé l'Europe, c'est-à-dire cette longue histoire qui commence avec l'antiquité classique», p. 20.

doxo fundamental do Brasil de Braudel, um Brasil descoberto como uma fonte de experiências e sensações novas, inéditas, surpreendentes, e, ao mesmo tempo, um Brasil sempre pensado como uma repetição, um recomeço da evolução histórica da Europa. Paule Braudel sublinha que a fascinação de Braudel pelo Brasil originava-se na "impressão de 'viajar para trás na história', como se a Europa de ontem pudesse ser vista, imaginada, no Brasil do início do século XX"[130]. A maravilha da estranheza não apagava o etnocentrismo historiográfico.

Braudel voltou ao Brasil em 1947 e passou cinco meses em São Paulo[131] mas recusou em 1984 o convite da USP para as comemorações dos 50 anos

---

130   Paule Braudel, «Les origines intellectuelles de Fernand Braudel: un témoignage».*Art. cit.*, p. 241 : «l'impression de 'voyager en arrière dans l'histoire', comme si l'Europe d'hier pouvait se voir, s'imaginer à travers le Brésil de ce premier XXe siècle».

131   Braudel recorda uma viagem que fez no Nordeste na sua resenha do livro de Marvin Harris, *Town and Country in Brasil* (New York: Columbia University Press, 1956) publicada no *Annales E.S.C.*, n° 2, 1959, p. 325–326. Tradução para o português em Fernand Braudel, «No Brasil baiano: O presente explica o passado», *Escritos sobre a história*. São Paulo: Editora Perspectiva, 1978, p. 219–233, particularmente p. 230–231.

de sua fundação porque, como justificou, todos os seus principais amigos brasileiros já haviam falecido. Contudo, o Brasil permanecia presente na memória de Braudel. Luis Corrêa Lima recorda que, durante a ditadura, Braudel escreveu cartas aos presidentes militares pedindo a liberação de seus amigos e conhecidos encarcerados[132].

Michel de Certeau. 1966.

1966 é minha segunda data. Entre 27 de outubro e 6 de novembro desse ano, Michel de Certeau participou no Rio da *Conferência latino-americana de religiosos* (CLAR)[133]. Foi a primeira de suas numerosas viagens e estadas no Brasil onde voltará já no ano seguinte[134]. O primeiro Brasil de Michel de Certeau, intelectual jesuíta engajado, é o Brasil da ditadura. Em novembro de 1969, publicou na revista *Politique*

---

132 Josélia Aguiar. «Brasil à francesa». *Pesquisa Fasep*, Edição 168, Fevereiro 2010: «Durante o regime militar, empenhou-se em libertar da prisão seus amigos e conhecidos. Braudel usou seu prestígio internacional como intelectual francês e escreveu cartas aos presidentes militares brasileiros», disponível em: revistapesquisa.fapesp.br/2010/02/05/brasil-à-francesa/
133 François Dosse. *Michel de Certeau. Le marcheur blessé.* Paris: Editions La Découverte, 2002, p. 172.
134 *Ibid.*, p. 173.

Aujourd'hui, um artigo que denunciava a repressão e a tortura praticadas pelos militares no Brasil. Republicará este artigo vinte anos depois em seu livro *La Faiblesse de croire*[135]. Em 1970, depois duma conferência ditada por Dom Helder Câmara no Palais des Sports, de Paris, frente a mais de dez mil pessoas, de Certeau publica na revista jesuíta *Études* um artigo cujo título é "Le prophète et les militaires: Dom Helder Câmara"[136]. Seu engajamento contra as violências cometidas pelo regime militar fez com que Michel de Certeau fosse impedido de entrar no Brasil durante os anos 70. Contornou a proibição utilizando no passaporte seu primeiro sobrenome: Michel de la Barge[137].

Contudo a relação de Michel de Certeau com o Brasil não se limita aos combates contra a ditadura.

---

[135] Michel de Certeau. «Les Chrétiens et la dictature militaire au Brésil». *Politique Aujourd'hui*, Novembre 1969, p. 39–53, republicado em Michel de Certeau, *La faiblesse de croire*, Paris: Editions de Seuil, 1987, p. 129–156.

[136] Michel de Certeau. «Le prophète et les militaires. Dom Helder Camara», *Etudes*, Tome 333, n° 7, 1970, p. 104–113.

[137] Luce Giard. «Cherchant Dieu». In: Michel de Certeau, *La faiblesse de croire. Op. cit.*, p. XVII.

Um mundo sem livros e sem livrarias?

Desde suas primeiras viagens se apaixonou pela cultura "popular" brasileira. A expressão de sua paixão intelectual se encontra no seu livro mais famoso: *A invenção do cotidiano*, publicado em 1980 e traduzido para o português em 1994[138]. O segundo capítulo do livro, "Culturas populares", começa com uma lembrança pessoal e uma pesquisa coletiva, ambas brasileiras. A lembrança recorda "uma caminhada durante a noite então barulhenta de Salvador até a Igreja do Passo. Contrastando com o teatro sutil da Misericórdia, a fachada sombria demonstra em sua dignidade toda a poeira e o suor da cidade. Acima dos antigos bairros cheios de barulho e vozerio, eis o seu segredo, monumental e silencioso. Ela domina a Ladeira do Passo. Não se entrega aos pesquisadores que no entanto a têm diante do olhar, assim como lhes escapa também o linguajar popular, vindo de

---

[138] Michel de Certeau. *L'invention du quotidien. I. Arts de faire*, UGE, 10/18, 1980, rééd., Paris: Gallimard, 1990. Tradução para o português:*A Invenção do cotidiano. Artes de fazer*, Tradução de Ephraim Ferreira Alves. Petrópolis: Editora Vozes, 1994, Nova edição, estabelecida e apresentada por Luce Giard, 2012.

muito longe e de muito alto quando se aproximam dela"[139].

A pesquisa, feita com uma equipe interdisciplinar, em Recife, a partir de 1971, era dedicada às gestas de Frei Damião, herói carismático de Pernambuco. Os resultados da pesquisa desvelam o sentido das percepções da caminhada. Demonstram a estratificação de dois espaços sociais e mentais. Um espaço socio-econômico, que é o espaço da ordem natural e inexorável das coisas, da dominação dos poderosos, da injustiça, e um espaço utópico, configurado pelos relatos de milagres, onde "podia-se *sustentar* a esperança de que o vencido da história — corpo no qual se escrevem continuamente as vitórias dos ricos ou de seus aliados — possa, na 'pessoa' do 'santo' humi-

---

[139] Michel de Certeau. *L'invention du quotidien.Op. cit.*, p. 31, «une marche dans la nuit alors bruyante de Salvador, vers l'Igreja do Passo. Contrastant avec le théâtre subtil de la Misericórdia, la sombre façade dresse dans sa dignité toute la poussière et la sueur de la ville. Au-dessus des anciens quartiers pleins de rumeurs et de voix, c'en est le secret, monumental et silencieux. Il domine l'étroite Ladeira do Passo. Il se refuse aux chercheurs qui l'ont pourtant là devant eux, comme leur échappe le langage populaire, venu de trop loin et de trop haut quand ils l'approchent». Tradução:*A Invenção do cotidiano*, 2012. O*p. cit.*, p. 71.

lhado, Damião, erguer-se graças aos golpes desferidos pelo céu contra os adversários"[140]. Assim, um uso "popular" da religião modifica seu funcionamento: "Os 'crentes' rurais desfazem a fatalidade da ordem estabelecida. E o fazem utilizando um quadro de referências que, também ele, vem de um poder externo (a religião imposta pelos missionários)".[141]

Designado como "uma 'arte' brasileira", esse reemprego de um sistema imposto para que expresse (pelo menos no registro da utopia), rechaço e resistência, inspira a Michel de Certeau a observação que sustenta todo seu livro: "Falando de modo mais geral, *uma maneira de utilizar* sistemas impostos constitui a resistência à lei histórica de um estado de fato e às

---

140 *Ibid.*, p. 33: «pouvait être *soutenu* l'espoir que le vaincu de l'histoire – corps sur lequel s'écrivent continuellement les victoires des riches ou de leurs alliés – puisse, en la «personne» du «saint» humilié, Damião, se relever grâce aux coups portés par le ciel contre ses adversaires». Tradução: *Ibid.*, p. 73.
141 *Ibid.*, p. 34 : «Les "croyants" ruraux déjouent ainsi la fatalité de l'ordre établi. Et ils le font en utilisant un cadre de référence qui, lui aussi, vient d'un pouvoir externe (la religion imposée par les missions).» Tradução: *Ibid.*, p. 74.

suas legitimações dogmáticas"¹⁴². A cultura popular brasileira fornece assim a primeira matriz da "destreza tática", da "atividade, sutil, tenaz, resistente" dos grupos que, por não terem um espaço próprio, devem mobilizar as artes de "fazer com": "Aí se manifestaria a opacidade da cultura 'popular' – a *pedra negra* que se opõe à assimilação"¹⁴³.

Michel Foucault. 1973.

1973 é a data da segunda viagem de Michel Foucault no Brasil. A primeira aconteceu em 1965, quando Gérard Lebrun, professor de filosofia na USP, o convidou para dar um curso cujos temas foram os do livro *Les mots et les choses,* publicado em francês no ano seguinte. Como recorda Paulo Eduardo Arantes, em 1965, Foucault "não era 'Michel Foucault', era *nobody*. Ninguém sabia de sua existência, nem sequer no Departamento... nada! [...] O público não lotava uma classe de graduação, eram 30, 40 pessoas. [...] A

---

142   *Ibid.*, p. 35: «Plus généralement, *une manière d'utiliser* des systèmes imposés constitue la résistance à la loi historique d'un état de fait et à ses légitimations dogmatiques». Tradução: *Ibid.*, p. 74.
143   *Idem*, p. 35 : «Là se manifesterait l'opacité de la culture "populaire" — la *roche noire* qui s'oppose à l'assimilation». Tradução: *Ibid.*, p. 74.

recepção foi entusiasmada, porque ele era brilhante, e ao mesmo tempo morna, porque ninguém sabia o que fazer com aquilo"[144].

Em 1973, quando Foucault foi convidado pela PUC-Rio para dar as Conferências de maio, a situação era muito diferente. Foucault já era "Foucault". Era professor no Collège de France desde 1970 e autor não só da *Histoire de la folie* (que quase ninguém no Brasil havia lido em 1965), mas também de *Les mots et les choses* (1966) e de *L'Archéologie du savoir* (1969). A situação política também era diferente. Affonso Romano de Sant'Anna, que havia convidado Foucault, lembra numa entrevista de 2013[145]: "O Serviço Nacional de Informações e o Departamento de Ordem Política e Social faziam uma certa pressão. Havia muitos boatos de que, talvez, o SNI não o deixaria falar. Vivíamos, afinal, em um regime de repressão. E o Departamento de Letras, ainda as-

---

144 Testemunho de Paulo Eduardo Arantes. In: Ricardo Parro e Anderson Lima da Silva, «Michel Foucault na Universidade de São Paulo», *Revista Discurso*, Volume 47, n° 2, 2017, p. 205–223 (citação p. 209–210).
145 Entrevista de Affonso Romano de Sant'Anna. In: «PUC-Rio debate palestras de Michel Foucault no Brasil 40 anos depois», *O Globo*, 7/5/ 2013.

sim, estava fazendo uma revolução, pois a vinda de Foucault fazia parte de um programa muito amplo, por meio do qual a PUC virou um lugar de debate. E Foucault veio para falar sobre a verdade, uma coisa que incomodava". Segue assim o testemunho de Affonso Romano de Sant'Anna: "Muita gente compareceu. Tanta que nem cabia no auditório. Havia uma excitação muito grande. Ele veio falar sobre asilo, sobre o lugar do louco, num regime ditatorial, dentro de uma universidade católica". As cinco conferências de Foucault foram traduzidas em português por Roberto Machado e Eduardo Jardim de Moraes e publicadas em 1974.[146]

Foucault fez três outras viagens ao Brasil, precisamente estudadas no livro de Heliana de Barros Conde Rodrigues[147]. Em 1974, Foucault fez seis con-

---

146   Michel Foucault. *A verdade e as formas jurídicas*. Tradução de Roberto Machado e Eduardo Jardim Morais. *Cadernos PUC-RJ*, Série Letras e Artes, n° 16, 1974, p. 5–133. Texte français: Michel Foucault. «La vérité et les formes juridiques». In Foucault, *Dits et écrits*, Edition établie sous la direction de Daniel Defert et François Ewald. Tome II. 1970–1975. Paris: Gallimard, 1994, n° 139, p. 538–646.
147   Heliana de Barros Conde Rodrigues. *Ensaios sobre Michel Foucault no Brasil. Presença, efeitos, ressonâncias*. Rio de Janeiro: Lamparina, 2016.

ferências no Instituto de Medicina Social da Universidade do Estado da Guanabara (futura UERJ). Duas conferências foram publicadas em espanhol em 1976 e 1977.[148] Em 1979, as conferências dedicadas ao nascimento da medicina social e do hospital foram publicadas em português por Roberto Machado na coletânea de ensaios de Foucault intitulada *Microfísica do Poder*.[149]

No mês de outubro de 1975, Foucault foi convidado de novo pelo Departamento de Filosofia da USP. Como recorda Franklin Leopoldo e Silva, "na segunda vez que Foucault veio, em 75, em circunstâncias muito diferentes, já com a ditadura bastante consolidada e a repressão muito feroz, foi num clima

---

148   Michel Foucault.«La crisis de la medicina o la crisis de la antimedicin», e «El nacimiento de la medicina social». *Revista Centroamericana de Ciencias de la Salud*, n° 3, 1976, p. 197–209, e n° 6, 1977, p. 89–103. Textes français: Michel Foucault. «Crise de la médecine ou crise de l'antimédecine?» e «La naissance de la médecine sociale». In: Foucault.*Dits et écrits.Op. cit.*, Tome III, 1976–1979. Paris: Gallimard, 1994, n° 170, p. 40–58 e n° 196, p. 207–228.
149   Michel Foucault. «O nascimento da medicina social» e «O nascimento do hospital». Tradução de Roberto Machado. In: Michel Foucault, *Microfísica do poder*. Rio de Janeiro: Edições Graal, 1979, p. 79–98 e p. 99–111.

de grande compromisso político, que ele não recusava"[150]. Nas viagens anteriores Foucault havia evitado as críticas públicas ao regime militar. Como indicou Jurandir Freire Costa, psicanalista que acompanhou Foucault no Rio de Janeiro nos anos 70, ele "sabia que estava sob uma ditadura, cercado de pessoas que eram vulneráveis. Havia um acordo tácito de que só falaríamos do que era possível"[151]. O acordo não resistiu ao mês de outubro de 1975, diante do encarceramento de professores e estudantes da USP. Foucault participou de uma assembleia universitária no dia 23 de outubro, onde leu uma forte declaração:

Muitas dezenas de estudantes e professores da USP foram recentemente presos. Talvez sejam torturados – se é que já não o estão sendo nesse momento. Suas vidas estão ameaçadas. Uma universidade que não é plenamente livre não passa de uma empresa de servilidade. Não dá para lecionar sob o tacão das botas;

---

150   Testemunho de Franklin Leopoldo e Silva. In: Ricardo Parro e Anderson Lima da Silva, «Michel Foucault na Universidade de São Paulo». *Art. cit.*, p. 212.
151   Citado em Rafael Cariello. «Sócrates no calçadão. As viagens de Foucault ao Brasil». *Folha de São Paulo, Ilustríssima*, 22/5/2011.

não dá para falar diante dos muros de prisões; não dá para estudar quando as armas ameaçam. A liberdade de expressão e de pesquisa são sinais de garantia de liberdade dos povos. Na defesa dos direitos, na luta contra as torturas e a infâmia da polícia, as lutas dos trabalhadores intelectuais se unem às dos trabalhadores manuais. A Universidade de São Paulo saiba que sua luta de hoje relaciona-se à luta pela liberdade em todos os países do mundo. Presto minha homenagem à sua coragem e me associo de bom grado às decisões que vocês possam tomar para conseguir que a justiça aqui não seja uma palavra ultrajada (o texto de Foucault foi publicado no Jornal alternativo EX no 16 de novembro de 1975 e se encontra verbatim, nos arquivos do SNI)[152].

José Castilho Marques Neto descreve assim este momento intenso: "Glauco fez a tradução para o português, alguns revisaram e me coube ler a versão para a assembleia ao lado de Foucault, que leu o texto em francês. aplausos emocionados, vibração

---

152   Documento do SNI. In: Ricardo Parro e Anderson Lima da Silva. «Michel Foucault na Universidade de São Paulo». Art. cit., p. 216.

genuína pelas palavras fortes do filósofo que se recusava a continuar dando aulas num país que prendia e torturava intelectuais e trabalhadores"[153]. Foucault anunciou a suspensão de suas aulas. Dois dias depois, a 25 de outubro, tornou-se conhecido o assassinato sob tortura do jornalista Vladimir Herzog. Foucault assistiu ao ato ecumênico em memória de Vladimir Herzog, celebrado no dia 31 de outubro na Catedral da Sé. Foi a primeira grande expressão de protesto da sociedade civil contra a ditadura militar. Foucault, que fora constantemente vigiado pela polícia, voltou para a França no dia 11 de novembro.

Fez uma última viagem ao Brasil em 1976. Acompanhado por Roberto Machado pronunciou conferências nas universidades federais da Bahia, Pernambuco e Pará. Em Belém, deu um curso a pedido do filósofo Benedito Nunes. Numa entrevista, em 2008, Benedito Nunes lembra-se que "Menos de uma semana depois que Foucault foi embora, fui chamado pelo diretor, cujo nome não vou mencionar, me dizendo que o Serviço Nacional de Informa-

---

[153] Testemunho de José Castilho Marques Neto. In: Ricardo Parro e Anderson Lima da Silva. «Michel Foucault na Universidade de São Paulo». *Art. cit.,* p. 216.

ção estava pedindo a relação dos frequentadores das aulas. Eu disse: 'eu não dou a relação'. Saí de lá e fui diretamente falar com o reitor. Ele foi muito correto, e até corajoso. Ele me disse para não dar a lista. Então foi isso"[154]. Apesar da afinidade eletiva que ligava Foucault ao Brasil na década de1970, o pensador nunca voltou ao país. Para Roberto Machado, a razão fundamental foi a recepção que Foucault encontrou nos Estados Unidos e particularmente na Califórnia: "Uma coisa é ser admirado no Brasil. Outra é ser acolhido nas grandes universidades americanas"[155].

Nos volumes dos *Dits et écrits* se encontram os textos das conferências e das entrevistas de Foucault no Brasil. Ao contrário dos textos de Braudel ou de Certeau, estes nunca se referem à realidade brasileira. Uma só vez, na discussão que se seguiu às conferências na PUC em 1973, Foucault fez uma referência imprecisa a um encontro em 1913 entre psicanalistas alemães e brasileiros no Rio de Janeiro. Depois de sua conferência na Universidade da

---

[154] «Entrevista com Benedito Nunes». *Revista Trans/Form/Ação*, UNESP, Volume 31, n° 1, 2008, p. 9–23.
[155] Citado in Rafael Cariello. «Sócrates no calçadão. As viagens de Foucault ao Brasil», *Folha de São Paulo. Art. cit.*

Bahia em 1976, duas vezes indica que "não sei se é o mesmo no Brasil", tanto se referindo à economia capitalista da prostituição como às evoluções do sistema penal. O contraste é forte entre o engajamento de Foucault contra o regime militar, implícito em 1973 e explícito em 1975, e o conteúdo de suas conferências, que desafiam as categorias mais evidentes para denunciar as mentiras de um poder despótico. Assim, no ciclo da PUC sobre *A verdade e as formas jurídicas,* concorda com a redução nietzschiana do conhecimento às relações de poder, valoriza a retórica dos sofistas contra a filosofia da verdade e rechaça a identificação entre poder e opressão. Localizados na trajetória intelectual de Foucault, esses temas não têm nada de surpreendente. Recolocados no contexto do Brasil dos anos 70, chamam a atenção pela sua distância em relação à situação política. Affonso Romano de Sant'Anna recorda a pergunta que dirigiu a Foucault na PUC em 1973: "Considerando sua posição de estrategista, seria pertinente aproximá-lo da problemática do *pharmakon* e colocá-lo ao lado dos sofistas (verossimilhança), e não dos filósofos (a palavra da verdade)?" A resposta de Foucault foi sem ambiguidade: "Ah, nisso estou radicalmente do lado dos sofistas"[156].

Contudo, nas entrevistas concedidas à imprensa alternativa, Foucault fez alusões indiretas à situação brasileira. Por exemplo, numa entrevista publicada no *Jornal da Tarde* em 1975 indicou, falando da confissão, que é um tema fundamental de *Vigiar e Punir*: "É verdade que a extorsão selvagem da confissão é uma prática policial habitual e que a justiça, em princípio, a ignora [mas] é também verdade que, atribuindo tal privilégio [a produção da verdade] à confissão, o sistema judiciário é um pouco cúmplice dessa prática policial que consiste em arrancá-la a qualquer preço [...] Para dizer a verdade, a

---

156   Affonso Romano de Sant'Anna. «Foucault: 40 anos depois». In: *Michel Foucault no Brasil*. Organizado por Ana Kiffer, Francesco de Guimaraens, Mauricio Rocha e Paulo Fernando Carneiro de Andrade. Rio de Janeiro: Nau Editora, 2015, p. 39–51 (citação p. 44–45). Michel Foucault. *Dits et écrits*. Op. cit., II, 1970–1975, n° 139, p. 632: «Romano de Sant'Anna: Etant donné votre position de stratège, serait-il pertinent de vous rapprocher de la problématique du *pharmakon* et de vous placer du côté des sophistes (de la vraisemblance) et non pas du côté des philosophes (de la parole de vérité)? Foucault : Ah, là-dessus, je suis radicalement du côté des sophistes».

infelicidade do sistema é que existe, entre a justiça e a polícia, um acordo tácito que, sem o dizer, suscita frequentemente as práticas policiais"[157]. Helena de Barros Conde comenta: "Foucault sabe como ninguém inclinar o que lhe indagam na direção do que deseja afirmar".

Pierre Bourdieu

Não tenho data relacionada ao último autor francês que considerarei. Pierre Bourdieu nunca viajou ao Brasil. Contudo, seus laços com intelectuais e pesquisadores brasileiros foram importantes e duráveis. O contraste é muito forte entre a recepção rápida e múltipla de sua obra no Brasil e a ausência de sua presença física num país que nunca conheceu apesar de inumeráveis convites. A presença do Brasil no seu trabalho pode medir-se de duas maneiras. A primeira é a presença de autores e temas do mundo brasileiro na sua revista *Actes dela recherche en sciences sociales*.

---

[157] Apud Heliana de Barros Conde Rodrigues. «Michel Foucault na imprensa brasileira durante a ditadura militar – os «cães de guarda», os «nanicos e o jornalista radical», *Revista Psicologia e Sociedade*, Volume 24, 2012, p. 76–84, e «Les réponses du philosophe». In: Michel Foucault. *Dits et écrits*. *Op. cit.*, II, 1970–1975, n° 163, p. 805–817.

Um mundo sem livros e sem livrarias?

Deriva tanto da colaboração de sociólogos brasileiros associados desde os anos 70 ao "Centre de sociologie européenne" dirigido por Bourdieu, como dos trabalhos de pesquisadores franceses cujo tema de investigação era a sociedade brasileira. Sergio Miceli, que foi o primeiro estudante brasileiro orientado por Bourdieu, recordava, num artigo publicado depois da morte do sociólogo, no mês de janeiro de 2002, a importância da revista no projeto intelectual de Bourdieu: "Quando cheguei à França, em 1974, ele e os pesquisadores sob sua tutela estavam imersos nos preparativos do número inaugural da revista *Actes de la Recherche en Sciences Sociales*, buscando dar conta de um tríplice desafio num veículo de diagramação ágil e sedutora: afirmar um rosto teórico original para o ofício de sociólogo, lançar as bases de alianças com cientistas sociais estrangeiros considerados pares (Williams, Ginzburg, Schorkse, Goffman, etc.) e testar os graus de universalização dos achados e dos conceitos derivados de seus experimentos de investigação". Bourdieu convidou Miceli a escrever um artigo para a revista: "Como eu aludira à vontade de retornar ao Brasil para concluir o levantamento do material, ele achou melhor bancar o lance de me convidar a escrever um artigo, que poria à prova o argumento que vinha tentando construir a respeito dos intelectuais. A cada trecho concluído do rascunho, ele reagia comentando sem meias palavras, em geral por telefonemas em torno das 7 horas, sugerindo mudanças e me forçando a reescrever, no intuito de explicitar e lastrear minhas análises.[158]" O artigo de Sergio Miceli, *"Division du travail entre les sexes et division du travail de domination. Une étude clinique des anatoliens* [ou seguidores de Anatole France] *au Brésil"*, apareceu no número 5–6 da revista, em novembro de 1975. Foi o primeiro artigo de um pesquisador brasileiro publicado por Bourdieu.

Nos anos 80 e 90 o Brasil se faz presente na revista graças ao trabalho de Monique de Saint-Martin (que viajou várias vezes ao Brasil) e às pesquisas de José Sergio Leite Lopes.[159] Em 1984, no número 52–53, Monique de Saint-Martin publicou um artigo

---

158   Sergio Miceli. «Uma revolução simbólica». *Folha de São Paulo, Opinião*, 27/1/ 2002.
159   *Actes de la Recherche en Sciences Sociales*. 1975–2003, 121 numéros, Index, 125 resultados para «Brasil», disponível em: persee.fr

sobre o pentecostalismo no Brasil e em 1988, (número 71-72), outro artigo: "A propos d'une rencontre entre chercheurs. Sciences sociales et politique au Brésil", que é uma resenha do Congresso da ANPOCS, de 1986. José Sergio Leite Lopes foi frequentemente publicado nos *Actes* com três artigos, sempre escritos em colaboração: em 1989, no número 79, com Sylvain Maresca, "La disparition de la 'joie du peuple'" (um magnífico artigo dedicado à Garrincha também publicado em português como "A morte da 'alegria do povo'"), em 1990, no número 84, com Roselyne Alvim, "Familles ouvrières, familles d'ouvrières" (que analisa as estratégias de recrutamento dos operários pela fábrica da Companhia de Tecidos Paulista) e em 1994, no número 103, com Jean-Pierre Faguer, "*L'invention du style brésilien. Sport et journalisme politique au Brésil*" (um artigo dedicado ao papel do jornalista Mário Filho na profissionalização do futebol no Brasil, na incorporação de jogadores negros nas equipes e na criação de um estilo nacional).

A presença do Brasil nos *Actes de la recherche en sciences sociales* não se limitou a estes dois sociólogos. O número 121–122, em 1998, dedicado ao tema *"Les ruses de la raison impérialiste"*, contém três artigos sobre o Brasil: *"L'internationalisation des milieux dirigeants au Brésil"* de Maria Rita Loureiro, *"L' internationalisation des écoles de commerce au Brésil"* de Maria Drosila Vasconcelos e *"La construction interrompue"*. Celso Furtado, *"La guerre froide et le développement du Nordeste"* de Afrânio Garcia. Afrânio Garcia, que era membro do *"Centre de sociologie européenne"* desde os anos 80 e *maître de conférence* na *Ecole des Hautes Etudes en Sciences Sociales* a partir de 1995, foi outra voz brasileira no *Actes*: em 1986, no número 65, publicou *"Libres et assujettis. La transition des travailleurs dépendants aux travailleurs libres dans le Nord-Est du Brésil"* e, em 1993, outro artigo, *"Les intellectuels et la conscience nationale au Brésil"*, no número 98. Ainda que Bourdieu nunca tenha viajado ao Brasil, sua atividade intelectual e editorial fez entrar amplamente na sua revista as realidades históricas e sociais mais essenciais para compreender o Brasil contemporâneo.

Nos livros de Pierre Bourdieu se encontram muito poucas referências ao Brasil. No entanto, uma chamou minha atenção no seu livro *Meditações pascalianas*. Nesse livro, Bourdieu enfatiza que a relação com o tempo é uma das propriedades sociais mais desigualmente distribuídas entre os indivíduos: "De fato, para romper verdadeiramente com a ilusão universalista da análise de essência, seria preciso descrever as diferentes maneiras de se temporalizar, referindo-as às suas condições econômicas e sociais de possibilidade". No capítulo VI do livro, "O ser social, o tempo e o sentido da existência", é no trecho intitulado "Uma experiência social: homens sem futuro" que o Brasil aparece. Alguns homens são "sem futuro" porque na sua vida não existe nenhuma relação racional entre suas expectativas e as oportunidades, entre suas esperanças ilusórias e as possibilidades efetivas de sua realização. Lembrando suas entrevistas com subproletários argelinos nos anos 60, Bourdieu nota: "o elo entre o presente e o futuro parece rompido, como bem o demonstram os projetos completamente descolados do presente e prontamente desmentidos".

A referência lhe sugere a comparação com os subproletários das favelas: "Excluídos do jogo, esses homens, destituídos da ilusão vital deter uma função ou uma missão, de ter que ser ou fazer alguma coisa, podem, para escapar ao não-tempo de uma vida onde não acontece nada e da qual não se pode esperar nada, e para se sentir existir, recorrer a atividades que, como as loterias ['*tiercé*'], as apostas esportivas ['*totocalcio*'], o *jogo do bicho* e os demais jogos de azar em todos os bairros miseráveis e *favelas* do mundo, permitem desviar do tempo anulado de uma vida sem justificativas, e, sobretudo, sem investimento possível, ao recriar o vetor temporal e ao reintroduzir a expectativa, por um momento, até o final da partida ou até a noite de domingo, ou seja, o tempo finalizado que constitui por si só fonte de satisfação"[160]. As diferentes formas de "temporalizar-se" asseguram assim o poder dos dominadores sobre o presente e o futuro, sobre si mesmo ou sobre os outros, quando levam os "homens sem futuro" ao desespero. Assim como Braudel, mas quarenta anos depois, Bourdieu associava sua experiência na Argélia com uma das realidades brasileiras.

---

160   Pierre Bourdieu. *Meditações pascalianas*. Tradução para o português de Sergio Miceli, Rio de Janeiro: Bertrand-Brasil, 2001, p. 271-272. Texto francês: Pierre Bourdieu, *Méditations pascaliennes*. Paris: Editions du Seuil, 1997, p. 263-264: «Le lien entre le présent et le futur semble rompu, comme en témoignent ces projets complètement décrochés du présent et immédiatement démentis par lui [...] Exclus du jeu, ces hommes dépossédés de l'illusion vitale d'avoir une fonction ou une mission, d'avoir à être ou à faire quelque chose, peuvent, pour échapper au non-temps d'une vie où il ne se passe rien et où il n'y a rien à attendre, et pour se sentir exister, avoir recours à des activités qui, comme le tiercé, le *totocalcio*, le *jogo do bicho* et tous les jeux de hasard de tous les bidonvilles et toutes les *favelas* du monde, permettent de s'arracher au temps annulé d'une vie sans justification et surtout sans investissement possible en recréant le vecteur temporel, et en réintroduisant pour un moment, jusqu'à la fin de la partie ou jusqu'au dimanche soir, l'attente, c'est-à-dire le temps finalisé, qui est par soi source de satisfaction».

Missões e ecumenismo

Braudel, Foucault, Bourdieu, de Certeau: minhas escolhas podem parecer arbitrárias. Escolhi esses quatro autores franceses porque estão entre os mais traduzidos e os mais frequentemente citados nos trabalhos brasileiros. São também os quatro autores que acompanham minhas próprias reflexões e pesquisas. Com certeza, teria sido possível levantar outros nomes, mas acho que, mais do que outras, suas obras tiveram uma forte relação com a história e a sociedade brasileiras. Abordá-los permite também seguir as várias formascom que se deu a apropriação francesa do Brasil no campo das ciências humanas durante cinquenta anos: entre a década de 1930 e o final dos anos 80. Esse período foi caracterizado nos seus começos pela ideia de "missões" universitárias francesas, fundadoras das Humanidades na USP e na UFRJ. Como recordou Fernando Novais: "A palavra *missão,* que era oficial, é muito significativa. A primeira missão francesa que chegou ao Brasil foi a artística, com Dom João VI. A segunda, na Primeira República, tinha como objetivo instruir os oficiais do Exército. A terceira foi a dos docentes que vieram auxiliar na estruturação da USP e da Faculdade de Filosofia. A palavra *missão,* evidentemente, mostra que éramos vistos como uma terra de índios que deviam ser catequizados. Não há outra explicação."[161].

Catequese ou não, a história, a filosofia, a antropologia e a sociologia francesas se tornariam referências fundamentais para os pesquisadores e intelectuais brasileiros durante esses cinquenta anos. As razões são múltiplas: o conhecimento bastante difundido da língua francesa (as conferências de Foucault foram pronunciadas em francês, sem tradução), a força inovadora das propostas intelectuais dos *Annales,* do método filosófico de Foucault ou da sociologia de Bourdieu, a forte presença em Paris de estudantes de doutorado e dos exilados do tempo da ditadura, e, também, a ideia de que a expressão "intelectual francês" era quase um pleonasmo (hoje, quando leio os periódicos me parece frequentemente um oxímoro).

A situação mudou a partir do fim do século XX. As referências francesas, ainda importantes, não foram tão exclusivas ou dominantes. No cam-

---

161 «Fernando Novais: Braudel e a 'missão francesa'», *Estudos Avançados,* Volume 8, n° 22, 1994, p. 161–166.

po da história, os paradigmas dos *Annales* encontraram outras tradições: as *microstorie* de Ginzburg e Levi, a história dos conceitos, proposta por Reinhart Koselleck, a articulação entre história e antropologia praticada por Natalie Davis ou Robert Darnton, a volta à sociologia histórica de Norbert Elias. No campo da filosofia, Foucault ou Derrida deviam coexistir com a filosofia analítica, a escola de Frankfurt e as obras de Jürgen Habermas ou Niklas Luhmann. O diálogo entre a França e o Brasil se encontrou assim localizado num contexto mais amplo, onde se cruzam tradições nacionais e abordagens teóricas.

Um efeito proveitoso de semelhante situação poderia ser (ou já é) uma consciência mais forte na França ou na Europa da importância e originalidades trabalhos de ciências humanas realizados no Brasil (e mais geralmente na América latina). São insuficientemente conhecidos e citados pelos pesquisadores europeus (salvo obviamente pelos que se dedicam à história ou à sociologia dos países da América do Sul). Na suposta globalização das comunicações e dos saberes, a realidade apresenta frequentemente o contrário, com uma forte compartimentação linguística e metodológica das leituras e das referências. Braudel, atento leitor dos historiadores brasileiros, e Bourdieu, perseverante editor de trabalhos dedicados ao Brasil, indicam o caminho que devemos seguir hoje. Nosso tempo não é mais um tempo de "missões". Deve ser o tempo do ecumenismo científico.

EPÍLOGO

UM MUNDO SEM LIVROS E SEM LIVRARIAS?

Responder a essa pergunta que nos atormenta nestes tempos de pandemia requer articular duas durações diferentes. É necessário, retomando os termos de Braudel, relacionar o evento — ou seja, os efeitos da pandemia do Covid-19 sobre o mundo editorial e livreiro — com uma mais longa duração das transformações das práticas de leitura e hábitos culturais. A publicação de várias pesquisas recentes pode nos ajudar a compreender a extensão desses efeitos. Na França, o Ministério da Cultura publicou, em 10 de julho de 2020, os dados fornecidos pela mais recente das pesquisas sobre as práticas culturais dos franceses. Esse documento descreve os comportamentos medidos dois anos antes, em 2018, e os compara com os resultados das pesquisas anteriores realizadas em 1973, 1981, 1988, 1997 e 2008.[162]

Três observações indicam as mutações essenciais, agravadas pela crise epidêmica. A primeira destaca as diferenças intergeracionais na leitura de livros (excluindo os quadrinhos). Enquanto 84% dos indivíduos nascidos entre 1945 e 1954 relatam ter lido pelo menos um livro no ano anterior (81% dentre os nascidos entre 1965 e 1974), o percentual cai para 58% entre os nascidos entre 1995 e 2004.[163] Como resultado, a porcentagem global de leitores de livros está diminuindo: em 1988, 73% dos franceses relataram ter lido pelo menos um livro nos últimos doze meses e, em 2018, apenas 62%. Essa porcentagem revela uma expressiva diferença de gênero dos

---

162 Philippe Lombardo e Loup Wolff. *Cinquenta anos de práticas culturais na França*. Paris: Ministério da Cultura, Estudos culturais, 2020, e Michel Guérin e Guillaume Fraissard. "Um consumo cultural fraturado". *O Mundo*, 10 de julho de 2020.
163 *Ibid.*, Quadro 18, "Lendo Livros por Gerações, 1973–2018", p. 33.

Epílogo

leitores: 70% das mulheres leram pelo menos um livro, contra apenas 52% dos homens.[164]

A segunda observação é que a porcentagem de leitores constantes, ou bons compradores de livros, que relatam ter lido mais de vinte livros no ano anterior também está diminuindo — e em maior medida. Embora fosse de 28% em 1973, e ainda de 22%, em 1988, passa a ser de apenas 15% em 2018. A redução da relação com a leitura provavelmente ocorreu nos anos 2000, uma vez que esse percentual já era o mesmo (1% menos) em 2008: 14% dos leitores constantes, distribuídos de forma desigual entre os sexos: 19% entre as mulheres, 10%, entre os homens.[165] A leitura, que foi uma atividade ligeiramente executada mais pelos homens, na década de 1970, tornou-se, assim, majoritariamente feminina.

Por fim, a terceira observação é a importância do percentual de indivíduos que dizem viver em um sistema totalmente digital, o qual consiste no con-

---

164 *Ibid.,* Gráfico 20, "Lendo Livros por Sexo (1973–2018)", p. 35.
165 *Ibid.,* Tabela 1, "Evolução das Práticas Culturais, 1973–2008", p. 6, e Quadro 20, "Leitura de livros por sexo (1973–2018)", p. 35.

sumo de vídeos online, na prática de videogames e na participação nas redes sociais. Um, em cada seis franceses, declara que vive neste mundo cibernético que exclui outros consumos culturais, desde a presença em teatros e salas de concerto até a leitura de impressos, sejam quais forem. 43% desses seguidores do universo digital têm menos de 25 anos. Assim, a questão fundamental para o futuro das práticas culturais colocada pelos editores da pesquisa é: "Será que este universo permanecerá permanentemente juvenil? Ou, pelo contrário, essas práticas permanecerão estabelecidas em seus comportamentos culturais ao longo de suas vidas?".[166] Essa é uma questão crucial para as políticas culturais e para o futuro do livro, da edição e das livrarias.

Os dados culturais franceses não podem ser considerados universais ou representativos. Eles fornecem apenas elementos de comparação com outras

---

166   *Ibid.*, p. 80–81.

situações, mencionadas nos capítulos deste livro.[167] Eles também nos permitem situar, nas mutações que começaram no início deste século e, sem dúvida, já na década de 1970 do século XX, as práticas impostas pela pandemia e pelo confinamento com, em primeiro lugar, os múltiplos e exclusivos usos do digital nas conversas, nas compras e nas leituras. Devemos pensar que estas mutações prefiguram uma ruptura fundadora que inaugura um futuro que é já presente, um mundo que nem sequer podíamos imaginar?[168]

Antes de responder, é preciso considerar de forma mais precisa os efeitos da peste moderna que atingiu toda a humanidade. Em todos os lugares, ela

---

167 A última edição do *Retratos de Leitura no Brasil*, Instituto Pró Livro, 2020, mostra dois dados fundamentais: a porcentagem dos indivíduos que declaram que não leram nenhum livro durante o ano passou de 44%, em 2015, para 48% em 2019 (ou seja, uma perda de 4, 6 milhões de leitores) enquanto a porcentagem dos utilizadores da Internet passou de 47%, em 2015, para 66%, em 2019.

168 Para uma definição do evento como surgimento e ruptura, cf. Michel Foucault. «Nietzsche, a genealogia e a história». In: Foucault, Michel. *Microfísica do poder*. Rio de Janeiro: Graal, (1979), 10ª edição, 1992, p. 15–37.

significou o colapso do mercado de livros. Na Espanha, nas duas primeiras semanas de confinamento, as vendas de livros caíram 84% em relação à última semana antes do confinamento — e ainda mais em comparação com as vendas no mesmo período no mês de março de 2019.[169] No Brasil, as vendas de livros, em abril e maio de 2020, caíram 47% e 31%, respectivamente, em relação aos mesmos meses de 2019.[170] Na França, uma pesquisa realizada pelo Sindicato Nacional da Edição entre 27 de abril e 6 de maio de 2020 junto a 132 editoras ou grupos editoriais mostra que metade das editoras estimam, a partir das perdas de abril e junho, que a queda no faturamento para o ano de 2020, em relação a 2019, ficará entre 20 e 40%. Um quarto das editoras estima a redução em mais de 40%.[171] A magnitude das

---

169 Lorenzo Herrero. "El mercado físico español registra 20 milhões de euros de pérdidas en dos semanas". *Publishnews*, 9 de abril de 2020.
170 *Painel do Varejo de Livros no Brasil. Resultados 2020 X 2019*. Nielsen, SNEL, Junho Gráfico 2020, "Comparativo Valor — 2020 X 2019", 13.
171 *Covid-19. La situation des editeurs de livres face à la crise*, Pesquisa realizada pelo Sindicato Nacional da Publicação, SNE, maio de 2020, p. 8.

perdas foi apenas marginalmente compensada pelo aumento das vendas de e-books pelas editoras que os oferecem em seus catálogos. Mas são minoritárias no mundo editorial francês e apenas um terço de seus diretores consideram que estas vendas conheceram um aumento de mais de 30%. Vale lembrar que, na Europa, os e-books representaram menos de 10% do faturamento das editoras em 2018: 5% na Espanha,[172] 9% na França.[173]

Nos três países, a redução drástica nas vendas de livros foi parte de uma tendência de mais longo prazo que, em escala diferente, indicou o declínio do mercado de livros entre 2007 e 2017. A queda foi maior na Espanha, com diminuição de 36% no faturamento do setor. Nesses mesmos dez anos, a redução foi de 22% no Brasil e 7% na França.[174] O choque da pandemia atingiu, assim, uma economia editorial já fragilizada pela contração nas vendas e pelos no-

---

172 *Informe sobre el sector editorial español. Año 2018*, Federação de Grêmios de Editores de España, Enero 2020, p. 5.
173 *Figuras digitais*. União Nacional de Publicações, 8 de julho de 2019.
174 Mariana Bueno. «Cómo se comportó el mercado editorial en la última década?», CERLALC, 30 de setembro de 2019.

vos hábitos culturais dos leitores. O mercado de livros sofreu com as recessões da última década mais fortemente do que a economia em geral e sua evolução permaneceu independente do crescimento do PIB, em cada um dos países considerados. em geral e sua evolução permaneceu independente do crescimento do PIB, em cada um dos países considerados.

Como atesta um documento publicado pelo CERLALC[175], o colapso das vendas de livros tem sido um fenômeno geral. Metade das editoras e livreiros latino-americanos que responderam à pesquisa de abril de 2020 sobre as estratégias necessárias para a recuperação do mercado do livro observa um declínio de mais de 50% nas vendas, em 2020, em relação a 2019.[176] Diante das dificuldades de fluxo de

---

175 Centro Regional para o Fomento do Livro na América Latina e o Caribe: órgão intergovernamental sob os auspícios da UNESCO, com sede na Colômbia. Trabalha na criação de condições para o desenvolvimento de sociedades leitoras. (N.T.)

176 *El sector editorial iberoamericano y la emergencia del Covid-19. Aproximación al impacto sobre el conjunto del sector y recomendaciones para su recuperación.* Elaborado por José Diego Gonzalez, Francisco Thaine e Natalia Avila. Bogotá: Centro Regional para el Fomento del Libro en América Latina y el Caribe, 2020.

caixa, as respostas são semelhantes por toda parte. Esse fenômeno levou a uma diminuição no número de lançamentos de novos títulos, adiamento para 2021 de uma parte daqueles que deveriam ser lançados em 2020, bem como a publicação de mais títulos em formato digital.[177]

Outra característica comum nas respostas à crise é a atenção prestada às livrarias cuja atuação é considerada decisiva para a retomada da atividade editorial. Este é o caso na pesquisa francesa. 90% das editoras consideram as grandes dificuldades das livrarias como o fator mais importante de fragilidade de todo o ecossistema do livro.[178] Na pesquisa do CERLALC, os editores latino-americanos designam as livrarias como devendo ser prioritárias na recep-

---

177   *Informe da Produccion del Libro Argentino*. Edición especial: *el impacto de las medidas de distanciamento social obligatorias en la produccion editorial*. Cámara Argentina del Libro, 2020. Veja também *Covid-19. La situation des editeurs de livres face à la crise*. Op. cit., p. 5: "A maioria dos editores planeja cancelar (ou adiar, se necessário) 18% de seus novos produtos originalmente planejados em 2020", e *El sector editorial iberoamericano y la emergencia del Covid-19. Op. cit*, p.34–35.
178   *Covid-19. La situation des editeurs de livres face à la crise. Op. cit.,* p.13.

ção das ajudas e subvenções públicas.[179] E diagnóstico semelhante foi realizado sobre a situação brasileira.[180]

O fechamento de todas as lojas durante o período de confinamento, bem como as restrições impostas durante a retomada de suas atividades, tornaram ainda maiores os perigos que ameaçam as livrarias: a concorrência nas vendas "online", os custos de aluguel nos centros urbanos, as margens de lucro estreitas. Da mesma forma, como ocorreu na Peste Negra do século XIV, os poderosos poderiam sair da crise ainda mais poderosos do que eram antes. Esse é o medo de Jorge Carrión, expresso no pico da pandemia: "As grandes empresas de tecnologia [Google, Amazon] estão ganhando muito dinheiro nesses tempos de catástrofe e estão investindo em estratégias que lhes permitirão se tornar ainda mais indispensáveis".[181] Mas o pior nem sempre é o mais

---

179 *El sector editorial iberoamericano y la emergencia del Covid-19. Op. cit.*, p. 25.
180 Bernardo Gurbanov, "Projeto Retomada", *Publishnews,* 15 de julho de 2020.
181 Jorge Carrión. «La Covid-19 y las librerías», *La Vanguardia,* 20 de abril de 2020.

Epílogo

seguro, e uma consciência lúcida dos perigos pode inspirar respostas eficazes.

O acordo sobre o diagnóstico sombrio leva, em todos os lugares, a recomendações semelhantes, dirigidas aos poderes públicos: por exemplo, a desoneração ou isenção de cargas tributárias, a renegociação de empréstimos bancários, a concessão de empréstimos a taxa zero ou auxílios e subvenções por parte do governo. O mesmo conjunto de medidas se encontra nos projetos de lei apresentados ao Parlamento brasileiro, nas expectativas dos editores e livreiros latino-americanos, e nas propostas feitas pelo Sindicato da Livraria Francesa.[182] Duas outras medidas requerem uma atenção particular. Por um lado, a revisão das tarifas postais, o que permitiria uma concorrência menos desigual entre livreiros independentes e as poderosas empresas que controlam o e-commerce. Por outro lado, pelo menos no caso latino-americano, o apelo para compras massivas de livros pelos poderes públicos. Quando realizadas através de livrarias, essas encomendas enriquece-

---

182 *Plan de relance. Les propositions SLF pour les librairies*, Syndicat de la Librairie Française, 20 de abril de 2020.

Um mundo sem livros e sem livrarias?

riam os fundos das bibliotecas públicas e escolares.[183] Como aponta o documento publicado pelo Sindicato Nacional da Edição na França: "O apoio à livraria surge como a primeira medida recomendada para acompanhar a saída da crise".[184]

Apesar de nossos desejos e esforços, o mundo da "saída de crise" será diferente daquele imposto pela crise? O presente da pandemia é também nosso futuro? Na escala do tempo humano, o curso da história não é inexorável. As decisões e ações podem infletir sobre ele, acelerá-lo ou retardá-lo. Daí a importância de políticas públicas e medidas para preservação das livrarias — que são um elemento essencial do espaço cívico — e dos livros que disseminam saberes e poesia. Não cabe a um historiador listar as disposições mais necessárias para atingir esses objetivos. Em cada país, editores, livreiros e bibliotecários as conhecem e tentam convencer seus governantes a tomarem essas medidas. Eis a urgência.

---

183 *El sector editorial iberoamericano y la emergencia del Covid-19. Op. cit.*, p. 26.
184 *Covid-19. La situation des editeurs de livres face à la crise. Op. cit.,*p. 3.

Epílogo

Mas para além da salvaguarda imediata, que deve impedir as falências e desaparecimentos das empresas mais frágeis, ou seja, as das "pequenas" editoras e livrarias independentes, uma reflexão de conjunto sobre as dificuldades estruturais da cadeia do livro se impõe. A livraria é uma atividade onde o nível de rentabilidade é muito baixo, sem reservas financeiras suficientes para poder enfrentar os tempos de crise. Uma sugestão importante, enunciada na América do Sul, é consolidar a livraria através de uma inserção mais forte ao ambiente digital. Essa integração poderia tomar muitas formas, desde o desenvolvimento de plataformas de venda à distância, capazes de reduzir o quase monopólio virtual da Amazon, até a impressão sob demanda, nas próprias livrarias, das obras digitais das editoras.[185]

---

185 *El sector editorial iberoamericano y la emergencia del Covid-19. Op.* cit., p. 37.

Um mundo sem livros e sem livrarias?

A edição, em si, foi profundamente transformada pelos processos de concentração.[186] Estes impuseram a exigência de rentabilidade à curto prazo, o que levou à rápida rotação de livros nas livrarias (sem que lhes seja concedido um tempo suficiente para encontrar seus leitores), bem como a necessidade da rentabilidade de cada título ou coleção (e não mais, como modelo de equilíbrio entre títulos rentáveis e não rentáveis, na escala da editora como um todo).[187] A imposição da lógica do "marketing", em detrimento das lógicas intelectuais, sustentava o primeiro significado dado à expressão "edição sem editor" proposta por Jérôme Lindon[188] e retomada por André

---

186   Chartier compreende por «processos de concentração» a absorção das editoras por grandes grupos ou conglomerados capitalistas que reunem várias empresas, as quais são governadas pela lógica do marketing e exigem taxas de rentabilidade rápidas.

187   Eric Vigne. *Le livre et l'éditeur*. Paris: Klincksieck, 2008. Veja também «Eric Vigne: Le numérique a bouleversé l'édition, mais pas de la manière annoncée», *AOC*, 16 de março de 2019.

188   Jérome Lindon. "De l'édition sans éditeurs". *Le Monde*, 9 de junho de 1998.

Epílogo

Schiffrin.[189] As lógicas do mercado são poderosas e as decisões políticas impotentes para transformá-las. Elas podem, no entanto, como vimos com a lei do preço único do livro, moderar seus efeitos. Ainda há editores que "editam" e que permanecem ligados à publicação de títulos que definem um projeto estético ou intelectual. A lógica do catálogo, construída ao longo dos anos para demonstrar a identidade singular da editora, deve, assim, corrigir a do "marketing". Mas, para que isso aconteça, os editores que assumem os riscos da criação e do conhecimento devem ser apoiados pelo poder público.

Os poderes públicos têm uma responsabilidade. Cada leitor, também, tem uma responsabilidade, traduzida em cada gesto da vida cotidiana. Após os tempos da pandemia, talvez seja ainda mais difícil do que antes resistir às facilidades do digital e voltar às práticas deixadas por um tempo entre parênteses: comprar livros de livreiros, ler o jornal impresso, frequentar bibliotecas. Então, evitar o clique que

---

189 André Schiffrin. L'édition sans éditeurs. Paris: La Fabrique-éditions, 1999, e *O Negócio dos livros. Como como grandes corporações decidem o que você lê*. Rio de Janeiro: Casa da Palavra, 2006.

permite encomendar na Amazon e, da mesma forma, evitar entrar na edição eletrônica do periódico ou consultar a reprodução digital de uma obra procurada. Não se trata apenas de preservar o velho mundo que amamos. O que está em jogo é a capacidade de nossas sociedades de recusar a erosão dos critérios da verdade, o abandono do julgamento crítico, as reescritas falaciosas da história. O todo-digital é uma tentação sedutora e, como vimos, são mais numerosos do que antes, aqueles que sucumbem a ela. É por isso que é indispensável tornar conhecidos também os perigos, quando todas as relações com os escritos, quaisquer que sejam, são moldadas na forma das leituras impacientes, crédulas e manipuladoras, como são frequentemente aquelas das redes sociais.

A pandemia trouxe uma forma paroxística a perguntas que a precederam e das quais os capítulos deste livro portam testemunho. Ela aumentou os temores, pois demonstrou que um mundo sem livrarias, sem escolas, sem proximidade é possível (e, neste momento de pandemia, até mesmo necessário). Mas também levou a uma definição mais precisa do que devemos fazer, como consumidores, como

Epílogo

leitores, como cidadãos, para evitar que a situação excepcional do presente venha a se tornar a normalidade do amanhã. Ela aguçou a vigilância diante das falsificações e mentiras. Ela revelou que as fontes e os recursos do digital não apagam as expectativas e prazeres das experiências vividas no encontro com os outros (e podemos lembrar que, na linguagem da Era de Ouro, a palavra "cuerpo" significava tanto o corpo dos seres humanos, quanto os exemplares de uma mesma edição). O desejo de reencontrar o mundo do passado, um mundo de livros, livrarias e editores, não é pura nostalgia. É vontade de preservar a publicação e a difusão dos conhecimentos verdadeiros, sem os quais não há democracia.

CURRÍCULO

ROGER CHARTIER

- Nasceu em 9 de dezembro de 1945 em Lyon
- Aluno da *École Normale Supérieure de Saint-Cloud*, 1964-1969
- Agrégé d'Histoire, 1969
- Professor no *Lycée Louis-Le-Grand*, Paris, 1969-1970
- Assistente de História Moderna na *Université de Paris I*, 1970-1975
- Professor assistente na *École des Hautes Etudes en Sciences Sociales*, 1975-1983
- Diretor de Estudos da *École des Hautes Etudes en Sciences Sociales*, desde1° de janeiro de 1984.
- *Andrew D. White Professor at Large, Cornell University*, 1996-2001.
- *Annenberg School for Comunication* Professor Visitante de História na *University of Pennsylvania*, Filadélfia, desde janeiro de 2002.
- Professor do *Collège de France*, 2007-2016.

- Professor emérito do *Collège de France* desde 1º de setembro de 2016.
- Diretor do Centro de Pesquisa Histórica da *École des Hautes Etudes en Sciences Sociales* (1982-1986)
- Diretor do *Centre Alexandre Koyré (École des Hautes Etudes en Sciences Sociales, Centre National de la Recherche Scientifique et Muséum d'Histoire Naturelle)*
- Diretor do *International Centre for Synthesis-Foundation for Science* (1993-1997)
- *Visiting Fellow* no *Shelby Cullom Davis Center for Historical Studies, Princeton University,* fevereiro a junho de 1976
- Professor visitante na *Montreal University,* setembro-novembro de 1977
- Professor visitante encarregado de um Seminário de Pós-Graduação NEH no *Center for Renaissance Studies da Newberry Library* em Chicago e no *Folger Institute for Renaissance and E18 Century Studies* em Washington, abril-maio de 1985
- Professor visitante na *Yale University* (Departamento de História, Centro de Estudos

Internacionais e Centro de Humanidades Whitney), outubro de 1985
- Professor visitante na *University of California*, Berkeley, abril-maio de 1987
- *Luigi Einaudi Chair* - Professor em *Institue of European Studies Cornell University*, fevereiro-maio de 1988
- Professor visitante na *The Johns Hopkins University*, Baltimore, março-abril de 1992, março-abril de 1993, março-abril de 1994, setembro de 1995, março-abril de 1997, março-abril de 1998.
- Professor visitante na *University of Chicago*, abril de 1995, abril de 1997, abril de 2000.
- Professor convidado da *Universidad de Buenos Aires*, maio e agosto-setembro de 2000, maio e agosto-setembro de 2002.

"Endowed Lectures": *The James Russell Wiggins Lecture, American Historical Society, Worcester,* 1987; *The Ida Beam Lecture, University of Iowa,* 1990, *The A.S.W. Rosenbach Lectures, University of Pennsylvania,* Filadélfia, 1994; *University of Utah, Salt Lake City,*

1995; *The Hudson Strode Lecture, University of Alabama, Tuscaloosa*, 1996; *The Saintsbury Lecture, University of Edinburgh* 1996; *The McKenzie Lecture, Oxford University*, 1997; *The Verne Moore Lecture, University of Rochester*, 1997; *The Solomon Katz Lecture in the Humanities, University of Washington, Seattle*, 1997; *The William F. Church Memorial Lecture, Brown University, Providence*, 1998; *The Panizzi Lectures, The British Library*, Londres, 1998, *Presidential Lecture, Stanford University*, 2000.

- Membro do Conselho Editorial da série *Material Texts (University of Pennsylvania)* e *Studies in Print Culture and the History of the Book (University of Massachusetts Press)*
- Presidente do Conselho Científico da Biblioteca da França (1990-1994)
- Membro do Conselho Científico de Investigação Universitária do Ministro do Ensino Superior e Pesquisa (1990-1994)
- Presidente do Conselho Científico da Escola Nacional de Ciências da Informação e Bibliotecas (1995-1998).

Currículo

- Recebeu em 1990 o Prêmio Anual da *American Printing History Association*
- Grande Prêmio de história (Prêmio Gobert) da Academia Francesa para 1992
- *Fellow* correspondente da *British Academy*
- Doutor Honoris Causa, *Universidad Carlos III - Madrid* (ESP)
- Doutor Honoris Causa, *Universidad de Buenos Aires – UBA* (ARG)
- Doutor Honoris Causa, *Universidad de Córdoba* (ARG)
- Doutor Honoris Causa, *Universidad de Chile - Santiago de Chile* (CL)
- Doutor Honoris Causa, *Universidad Nacional de San Martín* (ARG)
- Doutor Honoris Causa, *Laval University*, Quebec (CAN)
- Doutor Honoris Causa, *Neuchatel University* (SWZ)
- Doutor Honoris Causa, *Universidad de Rosario* (ARG)
- Doutor Honoris Causa da Universidade de Lisboa (POR)

- Doutor Honoris Causa *Universidad de Valencia* (ESP)
- Doutor Honoris Causa da *Universitatea din București* (ROM)
- Doutor Honoris Causa *University of London* (UK)

LIVROS EM PORTUGUÊS

ROGER CHARTIER

- A mão do autor e a mente do editor, tr. George Schlesinger, São Paulo, Editora UNESP, 2014
- Cardenio entre Cervantes e Shakespeare. História de uma peça perdida, Rio de Janeiro, Civilização Brasileira, 2012
- O sociólogo e o historiador, Belo Horizonte, Autêntica, 2011 (com Pierre Bourdieu)
- A história ou a leitura do tempo, tr. Cristina Antunes, Belo Horizonte, Autêntica, 2009
- Origens culturais da Revolução francesa, tr. George Schlesinger, São Paulo, Editora Unesp, 2008
- Inscrever e apagar. Cultura escrita e literatura (séculos XI-XVIII), tr. Luzmara Curcino Ferreira, São Paulo, Editora Unesp, 2007

- Formas e sentido. Cultura escrita : entre distinção e apropiação, tr. Maria de Lourdes e Meirelles Matencio, Campinas, Associação de Leitura do Brasil e Mercado de Letras, 2003
- Leituras e leitores na França do Antigo Regime, São Paulo, Editora Unesp, 2003
- Os desafios da escrita, tradução Fulvia M. L. Moretto, São Paulo, Editora Unesp, 2002
- Do palco à página. Publicar teatro e ler romances na época moderna (séculos XVI-XVIII), tradução de Bruno Feitler, Rio de Janeiro, Casa de Palavra, 2002
- A beira da falésia : a história entre incertezas e inquietude, tradução Patrícia Chittoni Ramos, Porto Alegre, Editora da UniversidadeFederal do Rio Grande do Sul, 2002
- A aventura do livro do leitor ao navegador. Conversações com Jean Lebrun, São Paulo, Editora Unesp, 1998
- História da leitura no Mundo occidental, São Paulo, Editora Ática, 1998-99 (Direção com Guglielmo Cavallo)

Livros em português

- Práticas da leitura, São Paulo, Estação Liberdade, 1996 (Direção)
- A Ordem dos livros. Leitores, autores e bibliotecas na Europa entre os séculos XIV e XVIII, tr. Mary del Priore, Brasília, Editora Universidade de Brasília, 1994
- História de la Vida Privada, Tomo 3, Da Renascença ao Século das Luzes, Sao Paulo, Companhia das Letras, 1991 (Direção com Philippe Ariès)
- A História Cultural entre Práticas e Representações, tr. Maria Manuela Galhardo, Lisboa, Difel, 1988
- As Utilizações do Objecto Impresso (Séculos XV-XIX), Direcção de Roger Chartier, tr. Ida Boavida, Alges, 1998